KB211131

그들은
교회가 아니라
리더를 떠난다

THE ROAD WE MUST TRAVEL

Copyright © 2014 by Francis Chan
This edition published by arrangement with Worthy, New York, New York, USA.
All rights reserved.

Korean Translation Copyright © 2015 by Sarang Plus
This translation is published by arrangement with Hachette Book Group, Inc
through Imprima Korea Agency

이 책의 한국어판 저작권은 Imprima Korea Agency를 통해
Hachette Book Group, Inc와의 독점 계약으로 국제제자훈련원에 있습니다.
저작권법에 의해 한국 내에서 보호를 받는 저작물이므로 무단전재와 무단복제를 금합니다.

본문의 성경 구절은 대한성서공회의 《성경전서 새번역》을 따랐습니다.

그들은
교회가 아니라
리더를 떠난다

영적인 위기를 만난 리더에게 꼭 필요한 것들

고든 맥도날드
빌 하이벨스
유진 피터슨 외 지음

최요한 옮김

국제제자훈련원

리더들이여,
이 책을 서가에서 가장 가까운 곳에 비치하십시오

리더로서 깊은 고독을 느끼는 순간이 있습니다. 아무도 나를 대신하여 결정을 내려줄 수 없다는 생각이 들 때입니다. 하지만 결단의 순간에, 자신의 마음을 활짝 열어 우리의 생각과 진심을 기꺼이 들어주고 자신의 축적된 경험과 지혜를 나누어줄 멘토가 있다면 얼마나 좋을까요?

여기 우리 시대의 목회 멘토들이 총출동하여 자신의 경험을 반추하며 리더들을 멘토링하는 영적 지도서가 출간되었습니다. 저는 이 책이 리더십 가뭄의 때에 만난 우물물이요 생수와도 같다고 생각합니다. 고단한 한국 교회 목회자들이 이 우물에서 목을 축이고 일어나 다시 한 번 우리 시대의 사도행전을 쓸 수 있기를 기도합니다. 이 한 권의 책을 서가에서 가장 가까운 곳에 비치하고 여러 번 읽고 또 읽어보시기를 권합니다. 이 고단한 길을 먼저 걸어갔던 영적 지도자들의 간절한 목소리를 소홀히 듣지 않는 우리가 되기를 바라며, 이 책을 강추합니다.

이동원 지구촌교회 원로목사, 지구촌 미니스트리 네트워크 대표

이름만 들어도 가슴 설레는 멘토들의 솔직한 고백

인생 순례의 길에서 삶의 방향을 인도해주는 좋은 리더를 만나는 것은 축복입니다. 아니, 한 생애를 함께하는 멘토를 만난다는 것은 행복을 넘어서는 인생의 큰 자산이기도 합니다. 이름만 들어도 가슴이 설레고, 많은 이들의 존경을 받는 멘토들을 이렇게 책으로나마 만나는 것은 얼마나 귀한 일인지요. 장(章)마다 이렇게 멋진 분들이 걸어온 인생의 무게가 담겨 있기에, 이분들의 이야기를 읽다 보면 가벼운 세상 속에서 생각은 깊어지고, 믿음의 가슴은 크게 확장될 것입니다. 이 책은 삶의 고비마다 멘토 되는 인생 선각자들의 손을 잡고 함께 걸어가면서 삶의 지혜를 묻고 답하게 합니다. 책을 읽으며 가슴 벅찬 복을 누리게 되기를 바랍니다.

오정현 사랑의교회 담임목사

진정한 영적 리더로 살아가려면

영적 리더로 산다는 것은 매우 존귀한 일입니다. 하지만 영적 리더의 권위는 세속의 권위와는 근본적으로 다른, 존재 추구의 삶을 통해 세워집니다. 이 책에서 여러 저자가 공통적으로 제시하는 것이 바로 존재를 추구하는 삶입니다.

존재 추구의 삶이란 행위 추구, 즉 성공적인 열매와 결과만을 목적으로 하는 삶이 아니라, 하루하루를 부활하신 주님과 함께 살아가는 삶입니다. 먼저는 이러한 영적 생명이 내면에서 활발하게 힘을 얻은 다음에 이것이 자연스럽게 삶에서 표현되어야 합니다.

진정한 영적 리더로 살고자 하는 분이라면 이 책을 한번 숙독하는 것이 좋겠습니다.

임영수 모새골공동체 설립자

좁은 길을 먼저 걸어가 오솔길을 냈던
선배들의 지혜를 들어보십시오

교회의 위기는 리더의 위기로부터 시작됩니다. 근래에 세상은 일부 교회의 지도자들을 권력의 탐욕자로 보고 있고, 교회는 내부적으로 무기력증에 시달리며 영적 패배의식에 사로잡혀 있습니다. 이런 상황에서도 여전히 교회는 소망일까요? 이 질문에 긍정으로 답하려면 우선 리더들은 자기 눈앞에 닥친 위기에 슬기롭게 대처해야 합니다.

본서에는 협착한 길을 먼저 걸어가 오솔길을 냈던 선배들의 지혜가 담겨 있습니다. 울창한 사역의 숲에서 길을 잃은 후배들이 선배들의 슬기를 따라 한 발 한 발 내딛다 보면, 순례의 목적지로 이어져 있는 그 오솔길을 찾게 될 것입니다. 비록 좁지만 진솔하고 믿음직한 발자취가 배어 있는 이 길을 따라 기쁨 가득한 여정을 이어가시기를 바라며 일독을 추천합니다.

송태근 삼일교회 담임목사

지면을 통하여 멘토들을 만나는 기쁨을 주는 책

사람은 홀로 성장할 수 없다. 더불어 성장하는 것이 우리를 향하신 주님의 뜻이기 때문이다. 왜 예수님은 제자들을 부르실 때 한 명씩이 아니라 여러 명을 함께 불러 훈련을 하셨을까?

이제 독자들은 평소 만나고 싶었던 리더십의 대가들을 언제 어디서나 만날 수 있게 되었다. 우리에게도 익숙한 열한 명의 리더십 멘토들은 자신의 경륜과 지혜가 농축된 통찰을 이 책의 행간에 풍성히 풀어놓고 있다. 꼭 필요한 주제를 풀어가는 대가들의 문제의식은 물론, 핵심을 짚어 그것을 글로 풀어내는 재미까지 덤으로 얻을 수 있는 본서를 기쁜 마음

으로 추천한다. 리더십의 위기를 막아주는 지혜를 얻을 수 있으리라 확
신한다.

오정호 새로남교회 담임목사, 미래목회포럼 이사장

다른 사람을 이끌기 전에
먼저 자신을 이끌 줄 아는 리더로 살아가기 위해

이 책은 리더의 성공이나 성취에 관한 책이 아니라 리더의 자기 관리에
관한 책이다. 리더의 내면을 돌보고 가꾸도록 도와주는 책이다. 야심을
내려놓고 본질을 추구하도록 도와주는 책이다. 이 책은 다른 사람을 이끌
기 전에 먼저 자신을 이끌 줄 아는 리더가 되라고 권면한다. 이 책은 리더
로 하여금 탈진, 갈등 그리고 위기를 잘 관리하고 이겨내도록 도와준다.
이 책은 속도보다 올바른 방향이 중요함을 일깨워준다. 더 빨리 더 높이
가 아니라, 더 천천히 더 낮은 데로 임하라고 권면한다. 일을 잠시 내려
놓고 안식의 리듬 속으로 들어가라고 부탁한다. 사람을 정죄하는 재판
관이 아니라 상처를 치유하는 의사가 되라고 가르쳐준다. 깊이 있는 리
더가 되어 깊이 있는 사람을 남기도록 도전한다. 정로(正路)를 걷기 원
하는 리더들에게 이 책을 추천하고 싶다. 일중독과 과로 및 탈진으로 고
통받는 리더들에게 전해주고 싶다.

강준민 L.A. 새생명비전교회 담임목사

자기 자신부터 돌아보게 하는 책

리더십 이론은 넘쳐나지만, 진정한 리더는 부족한 시대이다. 이런 상황
에서 제대로 된 책이 나왔다. 자기 자신부터 돌아보게 해준다. 달뜬 성공

담보다는, 가슴 아픈 실패 경험을 진솔하게 나누면서 리더의 자리에 있는 분들에게 타산지석이 될 만한 가르침을 담고 있다. 이 책에는 우리로 하여금 순간순간 위기를 극복하면서 오랫동안 리더의 길을 가게 하는 지혜가 담겨 있다. 많은 리더들에게 '유종의 미'를 거두게 해주리라 확신하며 이 책을 적극 추천한다.

조봉희 지구촌교회(서울) 담임목사

리더의 삶이 흔들릴 때,
열한 명의 현자들에게 길을 묻다

영적인 위기를 만나 삶이 무너져갈 때, 은밀하고 수치스러운 부분을 포함하여 모든 것에 대해 속마음까지 내보이며 의논할 수 있는 한 사람이 당신에게는 있는가?

그렇다면 이 책을 덮어도 좋다. 하루쯤 시간을 내어 그 사람과 이야기를 나누면 된다.

하지만 대부분의 리더들은 이런 위기 앞에서 심각한 외로움과 막막함을 느낀다. 스스로를 제어할 수 없을 때, 나의 마음과 생각을 잠자코 들어줄 하나님의 사람 한 명이 그립다.

스마트폰, 태블릿, 잘빠진 내비게이션의 스크린 위에는 최신 버전으로 업데이트되는 고화질의 전자 지도가 있지만, 우리가 가는 길에 놓인 위기 상황을 미리 알려주지는 못한다. 모든 위기는 대부분 인생에서 처음 만나는 것들이다. 어찌할 바를 몰라 우왕좌왕하고, 사람들에게 물어도 눈만 껌뻑거릴 뿐이다. 특히 리더들은 위기를 만나면 누구에게도 말하지 못하고 속으로만 끙끙 앓기 쉽다.

목적지까지 가야 할 길을 단박에 알려주고, 자신 있게 지름길을 제시하며, 초행길 불안을 덜어주는 내비게이션의 파란색 안내선. 우리 인생에도 이런 파란 선이 있다면 얼마나 좋을까? 가령 이런 모습일 것이다. 현재 위치를 검색하고, 최종 목적지로 '천국'을 입력한 뒤 버튼을 누른다. 이제 우리 앞에는 영광의 문에 들어가는 순간까지 삶의 행로가 분명하게 드러난다. 이쯤에서 장애물을 만나고, 어디는 돌아가야 하고, 누구는 만나지 말고, 그곳은 구덩이를 조심하면 된다. 그렇게만 된다면 정말 편안하고 설레지 않겠는가?

가야 할 목적지가 있다는 사실을 기억하면 우리 마음은 한결 든든해지지만, 길을 알려주는 안내선 같은 것은 나타나지 않는다. 대신에 현실적인 장애물들이 여기저기서 갑자기 튀어나온다. 모퉁이를 돌면 무엇이 있을까? 교차로는 어디에 있을까? 거리는 얼마나 될까? 8차선 고속도로일까 아니면 유실된 다리가 있는 구불구불한 시골길일까? 시간은 얼마나 걸릴까? 등등 생각이 복잡해진다.

이럴 때 안내선이 없으면 당장에 아쉽고 불편하다. 슬픔과 두려움으로 지쳐서 "주님, 우리는 주님께서 어디로 가시는지도 모르는데, 어떻게 그 길을 알겠습니까?"(요 14:5)라고 무심코 말했던 도마와 비슷한 처지가 된다.

예수님은 "내가 길이다"라고 하셨지만 그분도 한눈에 들어오는 파란색 줄은 보여주지 않으신다. 대신에 매일, 매시간, 매 순간 한 걸음씩 인도하실 뿐이다. 솔로몬의 말마따나 "사람이 마음으로 자기의 앞길을 계획하지만, 그 발걸음을 인도하시는 분은 주님이시다"(잠 16:9).

우리에게도 할 일은 있다. 어떤 길을 가든지 여행 준비만큼은 우리 몫이다. 중간에 갑작스레 차가 고장 나는 것은 어쩔 수 없지만, 긴 여행을 떠나기 전에 점검은 필수다. **우리 앞서 시행착오를 해보았던 지혜자들의 경험과 고백을 참고한다면 굳이 힘들게 겪지 않아도 될 고통의 시간이 10년쯤은 줄어들지도 모르겠다. 이 책은 그런 여행 준비를 돕는 책이다. 따라서 이 책은 지도가 아니라 '여행기'에 가깝다.** 멘토들은 차마 밝히기 부끄러운 내밀한 자기 고백이 담긴 내용까지 공개했다. 비록 얼굴을 맞대고 만나기는 어렵지만 성령께서 우리에게 친히 말씀해주시기를 기대하면서 읽었으면 좋겠다.

자, 이제부터 현명한 길동무들의 도움을 받아 평안과 통찰이 가득한 여행을 떠나보자.

차례

1부

인생의
두 번째 기회는
어떻게 오는가

영적인 위기는 우리에게 다양한 모습으로 다가온다.

하나님의 생생한 음성이 더 이상 들리지 않고, 다른 사람들을 돌보고 살피면서도 자기 영혼에는 비상등이 켜진 것도 모르고 지낸다. 심지어 자기 경험을 지나치게 믿다가 큰 사고를 당하거나 사랑하는 사람들의 고난을 통해서도 위기 상황을 맞는다.

하나님은 그런 위기를 통해 우리에게 재도약할 기회를 주신다. 더 큰 위험에서 지키시고, 더 늦기 전에 우리가 돌이키기를 원하신다. 하나님이 부르시는 이런 때를 놓치지 않는 것이 중요하다.

이런 '타임 센스'는 어떻게 얻는 것일까? 인생의 위기를 만나 인생이 흔들리기 시작할 때, 하나님이 주신 기회를 놓쳤다는 생각이 들 때, 우리는 어떻게 회복될 수 있을까? 영적인 풍랑을 만나 리더십의 위기를 경험할 때 우리와 똑같이 연약했던 이 시대의 멘토들은 어떻게 그 위기를 극복했을까?

1부에서는 고든 맥도날드, 빌 하이벨스, 네이선 콘래드가 말하는 생생한 경험과 고백을 통해 어디서도 들어보기 힘든 '셀프 리더십'의 지혜를 배워보자.

1장

따로 떼어놓은 짧은 시간

영혼의 침몰을 피하려면

고든 맥도날드

1801년, 윌리엄 윌버포스(William Wilberforce)는 영적으로 심각한 위기를 맞고 있었다. 영국의 국회의원으로서 대영제국의 노예 폐지를 주도했던 그에게 닥친 영적 위기는 과연 무엇이었을까? 바로 정치적 야망이라는 소용돌이였다. 만약 그가 이 위기 앞에서 무너졌다면 19세기 영국의 역사는 전혀 다른 방향으로 흘러갔을지도 모른다.

그 위기는 총선에서 헨리 에딩턴(Henry Addington)이 차기 수상으로 당선되면서 시작되었다. 사람들 사이에서는 에딩턴이 윌버포스를 장관으로 기용할 것이라는 말이 떠돌았다. 전기 작가 가트 린(Garth Lean)에 따르면 윌버포스는 한동안 각료가 된다는 기대에 부풀어 다른 생각을 할 수가 없었다. 훗날 윌버포스는 그 시절의 자신에 대해 "야망의 충동질에 취해 있었다"라고 평가했다.[1]

리더의 자리에서 여러 특권을 누려본 사람들은 이러한 '충동'이 무엇을 말하는지 잘 안다. 야망은 그저 한 가지 사례일 뿐이다. 이 '충동 목록'에는 권력의 오남용과 함께 분노, 승부욕, 거짓말, 부도덕한 유혹도 포함된다. 이것은 시작에 불과하다. 어떤 사람이나 사물에 대해 망상에 한번 사로잡히거나 태도가 달라지면 마음은 좀처럼 바뀌지 않는다. 자발적인 변화는 기대하기 어렵다.

윌버포스에게 야망은 꽤 큰 유혹이었다. 더 크고 더 강한 것에 마음을 빼앗겨본 사람은 이 말이 무슨 뜻인지 잘 알 것이다. 야망에 사로잡히면 자아가 원하는 대로 사람들을 지배하고 편법을 쓰고 싶은 충동이 든다.

어느 일요일, 윌버포스는 마침내 이 야망의 문제를 정직하게 직면하기로 했다. 예배와 독거(獨居)로 보낸 하루가 지난 후 윌버포스는 펜을 들었다. "안식과 예배의 날, 하나님을 찬양한다. 오늘, 세상의 것들은 그 실제 모습을 드러낸다. 야망은 더 이상 자라지 않는다."

그는 비로소 위기를 극복했다. 이 짧은 문장에서 윌리엄 윌버포스의 비밀 하나가 드러난다. 그는 일주일에 적어도 하루는 분주한 정계 활동에서 물러나 하나님을 예배하고, 가까운 친구들을 만나면서 조용히 반성하며 지냈다.

나는 윌버포스가 '반성하는' 시간을 보냈다는 점에 특히 주목한다. 반성이란 마음의 대화이다. 자기 자신과, 또한 하나님과 대화를 나누는 것이다. 마음의 대화를 할 때 다른 사람은 만나지 않는 것이 좋다. 물론 사람들을 사랑하고 섬기고 돌봐야 할 때가 있다. 하지만 마음의 대화만큼은 오롯이 혼자 해야 한다.

영적 위기에서 빠져 나오려면

이러한 원리는 비행기 이륙 전에 승무원이 진행하는 안전 교육에서도 확인할 수 있다. 비상시 객실 천장에서 산소마스크가 내려오면, 우리는 남들을 돕기 전에 먼저 자기 자신부터 마스크를 착용하라는 권고를 듣는다. 아이와 함께 앉은 엄마에게는 얼토당토않게 들리겠지만, 논리적으로 따지면 그게 이치에 맞다.

작가 안소니 블룸(Anthony Bloom)은 자기 아버지가 이런 마음의 대화를 잘 나눴다고 말한다. 그의 아버지는 영혼의 일에 몰두해야 한다고 느끼면 현관에 이런 글귀를 써 붙이곤 했다. "문을 두드리지 마세요. 집에 사람은 있지만 열어주진 않을 겁니다."[2] 웬만하면 남들의 기분을 맞춰주려는 사람에게는 힘든 일이다. 현관에서 인기척이 들리면 버선발로 달려나갈 테니까.

시편의 시인은 마음 깊숙한 곳을 향해 질문한다. "내 영혼아, 어찌하여 그렇게도 낙심하며"(시 43:5). 또는 하나님께 관심을 청한다. "하나님, 나를 낱낱이 살펴보시고, 내 마음을 알아주십시오"(시 139:23). 이것이 마음의 대화이다.

마음의 대화는 하나님이 먼저 시작하실 때도 있다. 하나님이 가인에게 하셨던 말씀을 들어보자. "어찌하여 네가 화를 내느냐? 얼굴빛이 달라지는 까닭이 무엇이냐?"(창 4:6). 이세벨이 무서워 광야로 피신한 엘리야에게 하나님은 이렇게 물으셨다. "엘리야야, 너는 여기에서 무엇을 하고 있느냐?"(왕상 19:13). 그러고는 "숨을 돌리고 눈을 붙이고 먹고 마신 후에 어떻게 여기까지 왔는지 다시 말해보아라"라고 덧붙이셨다. 그 후, 엘리야는 마음의 대화를 시작한다. 엘리야의 잘못된 인식은 마음의 대화를 통해 바로잡힌다.

바울은 답답한 심정으로 '몸의 가시'에 대해 언급했다. "나는 이것을 내게서 떠나게 해달라고, 주님께 세 번이나 간청하였습니다"(고후 12:8). 이러한 표현도 십중팔구 마음의 대화에서 나왔을 것이다. 하지만 하나님은 바울의 청을 들어주지 않으셨다.

윌버포스는 여러 해 공직 생활을 하면서도 마음의 대화를 게을리하지 않았다. 어느 일요일, 그는 자기 안에 있던 야망의 문제를 해결하며 이 훈련의 가치를 몸소 증명했다. 윌버포스가 그날 마음의 대화를 건너뛰고 다른 일을 했더라면 그의 인생은 완전히 빗나갔을지도 모른다.

윌버포스는 일요일뿐만 아니라 하루를 시작하면서도 짧게나마 마음의 대화를 했다. 윌버포스는 이렇게 말했다. "마음이 격동의 하루로 격양되고 지치기 전에, 우리는 하나님과 자기 자신과 대화하면서 지극히 중요한 시간을 보내야 한다." 그가 아침마다 했던 일을 나는 영적인 리셋 또는 마음의 비질이라 부른다.

전쟁 같은 일상에서, 이른 아침과 조용한 일요일에 떼어놓은 짧은 시간 동안 윌버포스는 세상과 자신을 새롭게 바라보게 하는 통찰과 활력을 얻었다.

윌버포스의 이러한 습관은 나에게 오랫동안 큰 영향을 끼쳤다. 나도 이른 아침에 나누는 마음의 대화에 전념하며 안식을 누렸다. 그가 아니었으면 꿈도 꾸지 못했을 일이었다.

마음의 대화를 무시한 결과

목회 초기였다. 힘이 넘치고 하고 싶은 일도 많았던 나에게는 마음의 대화를 위해 홀로 조용히 보내는 시간이 그다지 생산적으로 보이지 않았다. 신문을 읽고, 조찬 모임에 참석하고, 일을 척척 해내는 것이 훨씬 매력적이었다. 그러다가 피로, 실망, 어리석은 결정, 잘못된 지식이 누적된 후에야 깨달았다. 내 우선순위가 뒤죽박죽이라는 것을.

연륜이 쌓이면서 거의 모든 교단의 목회자들을 상대로 강연하고 가르치는 일을 맡았다. 감사한 일이었다. 조직 경영이나 교회 성장, 설교에 대한 강연을 부탁받는 경우는 드물었고, 내면의 전투가 일어나는 신앙생활의 개인적인 측면에 대해 이야기해달라는 요청이 가장 많았다.

내 강의의 핵심은 두 가지이다. 먼저는 내면의 대화를 하는 장소에 대해 말하고, "여러분은 어떻습니까?"라고 묻는 것이다.

콘퍼런스에서 리더들을 개인적으로 만나보면 반복해서 듣

는 이야기가 있는데, 그중에는 걱정스러운 내용이 많다. "탈진 상태이다, 아이디어가 고갈되었다, 얼마나 더 목회를 할 수 있을 지 자신이 없다, 하도 여기저기 불려 다녀서 이젠 내 몸이 내 것이 아닌 듯하다, 대인 기피증이 생겼다, 가족이 불행하다, 포르노(혹은 성적 공상)에 빠졌다, 자신에게 실망이 크다, 하나님을 느낄 수 없다, 더 이상 재미가 없다." 교회에서 활동을 많이 하는 성도들도 똑같이 말한다.

뉴잉글랜드 콘퍼런스 센터에서 내면세계의 질서에 대해 강연하던 때였다. 마침 뉴잉글랜드 침례교의 역사가 소개된 고서를 소개하는 시간이었다. 그 책에는 1932년 좌절에 빠진 한 목사가 상급자에게 쓴 편지가 있었다. 내용은 이랬다. "현재 이곳에서 7년째 목회하고 있습니다. 변화가 필요합니다. 직접 들은 것은 아니지만 내가 교회에서 나가길 바라는 교인들이 많습니다. 그들은 퉁명스러운 말투로 그렇게 요구할 겁니다. 교인들은 점점 떠나가고 헌금도 많이 줄었습니다. 어디든 가겠습니다. 자리가 있는 곳으로 보내주십시오."

그 목사는 가족이 더 좋은 사택에서 지내고, 더 친절한 교인들이 있는 교회에서 새 출발을 하면 문제가 해결될 것으로 생각했다. 이런 내용이 담긴 편지를 읽거나 비슷한 주제로 대화를 할 때에 드는 의문이 있다. 고난도 목회의 일부라지만 그저 고생만 하다가 사역을 마감하는 사람이 이토록 많은 게 정상일까? 혹시 이런 일들은 마음의 대화를 무시한 결과는 아닐까?'

헨리 나우웬도 비슷한 걱정을 내비친 적이 있다. "(리더가) 의

욕을 잃고 심술 사납고 뜨뜻미지근한 관료로 변질되지 않으려면 어떻게 해야 할까? 숱하게 많은 프로젝트와 계획, 약속 들을 안고 가면서도 도중에 마음을 잃어버리지 않으려면 도대체 무엇을 해야 할까?"[3]

나도 이런 면에서는 나우웬처럼 걱정이 지나치게 많은 노인이다. 이 올무에서 자유로운 사람은 거의 없으리라는 나의 생각이 단순한 억측이었으면 좋겠다. 하지만 하나님은 물론 자기 자신과도 조용히 마음의 대화를 나누지 않으면 안 된다는 것을 모르는 사람이 너무나 많기에 내 시름은 더욱 깊어진다. **이러한 마음의 대화가 없는 만큼 회복력이나 지속가능성도 부족하기 마련이고, 계속 성장해나가면서(혹은 깊어지면서) 하나님이 허락하신 때에 영적 리더십을 발휘할 수도 없게 된다.**

오스왈드 챔버스(Oswald Chambers)는 이렇게 썼다. "싸움은 하나님 앞에서, 우리 의지의 은밀한 공간에서 이기는 데에서 시작한다. 바깥세상에서 먼저 이기고 끝나는 법은 없다. 하나님 앞에서 싸워 이긴 그 사람을 지배하고 다스릴 권세는 세상 어디에도 없다."[4] 은밀한 공간에서 하는 마음의 대화. 윌리엄 윌버포스가 일요일마다 실천하던 일이기도 했다.

따로 떼어놓은 시간이 나를 살린다

영적 침체에 빠져 씨름하는 리더들에게 나는 이런 질문을 많이 던진다. "당신이 생각하기에 가장 이상적으로 한 주를 보내는 모습은 어떤 것인가요? 지난 일주일 동안의 활동을 한번 말씀해주세요." 그러면 자신들이 흔히 하는 활동들을 거침없이 말한다. 교역자 회의, 설교 연구, 교회 리더 상담, 훈련 세미나, 예산 회의, 신앙 상담, 장기 계획 수립 등등. 때로는 체력 단련과 가족 행사를 언급하기도 한다(둘 다 좋은 일이다).

하지만 좀처럼 듣지 못하는 대답이 있다. '개인적인 안식의 시간.' 곧 영혼의 성장과 정화를 위해, 마음의 대화를 위해 정기적으로 따로 시간을 낸다는 사람은 참 드물다.

"안식할 때 무엇을 하시나요?" 이따금 받는 질문이다. 틀에 박힌 대답은 오래전에 갖다버렸다. 나에게는 효과가 없었다. 더 중요한 것은 결과였다. 내가 무엇을 하느냐고? 간단하다. **나로 하여금 항상 새롭게 그리스도께 돌이키게 하고, 성경적인 방식으로 살아가도록 일깨우며, 내 안에 있는 하나님의 은혜와 권능을 확신하도록 돕는 일이라면 무엇이든지 한다.**

이런 결과를 얻기 위해 따로 떼어놓은 시간이 있는지 여러 그리스도인에게 물어보면 보통 이런 대답이 돌아온다.

- 너무 바빠서요.
- 그런 시간에 뭘 해야 할지 도무지 아는 게 없네요.
- 생각이 너무 많아서 집중이 안 돼요.
- 저는 외향적인 사람이라, 혼자서 조용히 반성하는 일은 체질상 맞지 않습니다.
- 그렇게 한다고 뭐 금방 달라지는 게 있어야죠.

• 지겨울 것 같아요.

이런 말을 들을 때마다 모세가 떠오른다. 모세는 이스라엘 진영 한가운데에 회막을 세웠는데, 그가 회막에서 하나님을 뵙는 동안 이스라엘 백성들은 장막 문에서 그를 기다렸다. 모세가 회막에 들어가면 구름 기둥이 내려 회막 문에 섰다. 여호와께서 그와 말씀하신다는 의미였다. "주님께서는, 마치 사람이 자기 친구에게 말하듯이, 모세와 얼굴을 마주하고 말씀하셨다"(출 33:11).

이스라엘의 하나님과 모세의 대화를 묘사한 이 대목은 무척 이례적이다. 높고 신비로우며 형언할 수 없는 하나님을 사람들이 일상에서 흔히 쓰는 말로 묘사하려 하다니. 하지만 내게는 이 구절이 모세가 마음의 대화를 했다는 말로 들린다. 그것으로 모세가 인생의 초점을 재조정할 수 있었다는 사실을 표현하고 싶었던 것이다.

모세가 회막에서 하나님을 만난 이야기가 나오기 전에는, 이스라엘 백성들이 금송아지를 만들고 춤판을 벌인 일로 모세가 느꼈던 참담함이 자세히 기록되어 있다(출 32장). 그는 경악을 금치 못하고 이성을 잃었다. 모세는 사직서를 내던지며 떠나고 싶었을 것이다. 하지만 성경 기자가 배치한 이야기의 순서로 보면 모세는 회막에서 자신의 생각을 모두 토로하고, 알아야 할 것에 대해 여쭙고, 목적과 용기를 새롭게 회복시키시는 하나님의 말씀에 귀를 기울였던 것이 틀림없다.

모세에게는 회막(특별한 장소)이 있었고 윌버포스에게는 안식일(특별한 시간)이 있었다. 두 남자는 마침내 새 힘을 얻었다. 그들은 바울이 고린도의 교우들에게 당부했던 말을 몸소 실천했다. 여기서 유진 피터슨의 번역 솜씨를 빌린다. "여러분 자신을 스스로 점검해 보십시오. 여러분은 자신이 믿음 안에서 흔들림이 없는지 스스로 확인해 보고, 모든 것을 당연한 것으로 여기며 적당히 지내는 일이 없게 하십시오. 여러분 자신을 주기적으로 점검하십시오"(고후 13:5, 메시지).

주기적인 점검, 곧 마음의 대화를 위한 가장 좋은 방법은 질문이다. 질문은 호기심의 연장이며 주님 앞에서 자신의 영혼을 점검하기 시작할 때 그 역할을 제대로 수행한다.

마음의 대화를 위한 보석 같은 질문들

시인은 "나를 낱낱이 살펴"달라고(시 139:23) 기도했다. 나 역시 사람의 내적 공간을 살피고 빛으로 이끌어주는 그런 질문들이 참 좋다.

나는 지난 안식일 이후에 일어난 일들을 반성하면서 마음의 대화를 시작한다. 의미 있는 일은 무엇인가? 교훈과 지혜를 배울 수 있는 일은 무엇인가?

인생에서 만나는 모든 일과 모든 사람에게서 통찰력을 얻을 수 있다는 것이 내 지론이다. 하지만 안타깝게도 대부분의 통찰력은 금이나 석유처럼 묻혀 있는 경우가 다반사이다. 발굴하지 않으면 발견할 수 없다. 바쁘게 활동하는 사람이 멋있어 보이지만 대부분은 깊이가 없다. 금을 채굴하고 석유를 시추할 시간이 없기 때문이다.

다음은 '마음의 대화를 위한 마중물'이다. 많아 보이지만, 매장된 금을 채굴하려면 꼭 필요한 것들이다. 나는 지금도 이 질문들을 사용한다.

- 하나님이 자신의 모습을 보여주셨던 아름다운 순간은 언제였는가? 내 안의 추한 모습이나 세상의 더러운 모습이 드러난 악한 순간은?
- 이번 주에 있었던 일 중에 꼭 기억해야 할 일은 무엇인가? 훗날 이를 떠올리며 하나님이 주신 복(혹은 책망)을 잊지 않도록 일기에 무엇을 기록하면 좋을까?
- 최근에 나는 주로 어떤 기분이었는가? (지금은 어떠한가?) 압도적인 슬픔이었는가? 공포, 분노, 공허함을 느꼈는가? 혹은 기쁨과 열정을 느꼈는가?
- 나는 어떤 복을 받았는가? 남들에게 받은 은혜는 무엇이고, 내가 느끼기에 하나님이 내게 직접 베푸신 은혜는 또 무엇인가? 이런 부분에 대해 찬양과 감사를 표현할 수 있는가? (그 내용을 감사 편지나 일기에 쓸 수 있는가?)
- 내가 책임질 일은 없는가? 회개할 일은 없는가? 어떻게 그런 일이 일어났는가? 피할 수는 없었는가? 앞으로 어떻게 처신할 것인가?
- 나는 최근에 주로 어떤 생각을 하며 지내는가? 고귀한 생각인가? 중요한 문제나 힘든 현실을 피하다가 공상에 빠진 적은 없는가?

열매 없는 피상적인 일에 마음을 빼앗기지는 않았는가?

- 자신과 이웃에게 상처를 주는 어떤 진실을 외면하면서 살고 있지는 않은가? (이를테면 신랄한 비판, 부주의한 일처리, 해로운 습관과 같은)
- 해결하지 않고 미뤄둔 일, 용서하지 못한 일로 사람들에게 분노하거나 원한을 품고 있지는 않은가?
- 배우자, 자녀, 친구, 동료들과 함께 있는 모습을 떠올려보라. 나는 함께하기에 즐거운 사람인가? 사람들은 나를 만나면 위축되는가, 기뻐하는가, 열광하는가? 어떤 사람의 말마따나 "만나면 반가운 사람이 있는 반면, 떠나면 반가운 사람이 있다." 나는 어떤 사람인가?
- 성경을 통해, 읽고 있는 책을 통해 오늘 하나님이 나에게 주시는 말씀은 무엇인가? 가까운 친구들은 어떤 말을 했는가? 어떤 비판을 들었는가? 영혼 깊숙한 곳에서 소용돌이치며 올라오는 통찰이 있는가? 물리칠 것은 무엇인가? 계발해야 할 것은 무엇인가?
- 우리의 성품과 평판, 건강에 영향을 줄 만한 일들이 가장 많이 숨어 있는 곳은 어디인가?
- 주위 사람들로 하여금 사랑받고 인정받고 있음을 더 많이 느끼게 하려면 어떤 말과 행동이 필요할까?
- 사회적으로 미약하고 가난하며 고난과 핍박을 받는 이들에게 마음을 쓰고 있는가? 평소 시사 문제에 관심을 유지하면서 성경의 관점으로 세상을 보고 있는가?
- 예수님의 제자로서 오늘 하루 성장하기 위해 나는 구체적으로 어떤 일을 할 수 있을까?

여기에 한 가지 질문을 더하고 싶다.

"예수님이 재림하시든, 내가 뜻밖에 그분의 부르심을 받든, 바로 오늘 예수님을 뵙는다면 어떻게 될까?"

영생을 믿는다고 고백하는 이들에게 이것은 외면할 수 없는 중요한 질문이다.

윌버포스가 조용히 안식일을 보내면서 어떤 질문을 던졌는지는 잘 모르겠다. 아마도 더 좋은 방법을 알고 있었을 것이다. 내가 아는 것은, 평소에 마음의 대화를 하는 습관을 기른 덕분에 그는 1801년, 인생의 전환기에 들어섰을 때에 끔찍한 실수를 피할 수 있었다는 점이다. 야망은 '더 이상 자라지 않았다.'

프랑스의 철학자이자 발명가인 파스칼은 《팡세》(*Pensees*)에 이런 글을 남겼다. "인간은 자기 방에서 가만히 머물러 있지를 못한다. 모든 불행은 죄다 이 한 가지 사실에서 비롯된다." 문맥에는 약간 벗어나지만 내가 말하고 싶은 요점은 확실히 짚어준다. **마음의 대화를 위해 따로 시간을 내지 않는 사람, 그럴 필요를 못 느끼는 사람, 자신은 그런 대화를 할 수 없다고 여기는 사람은 스스로를 커다란 위험에 빠뜨리고 있는 것이다.** 내면의 자신과 도무지 사귈 줄 모르는 사람은 재앙을 만나기가 쉽다.

윌리엄 윌버포스는 노예 상인이었다가 하나님의 사람으로 거듭난 존 뉴튼(John Newton)과 오랫동안 우정을 나눴다. 윌버포스는 정치인이었고 뉴튼은 목사였다. 이 두 남자에게는 동일한 믿음이 있었는데, 즉 일차적으로 영적인 능력은, 개인이 '자기만의 방'에서(파스칼의 말이다) 하나님과 나누는 마음의 대화로부터 비롯된다는 사실이었다.

이러한 마음의 대화에 대해 뉴튼에게는 분명한 기준이 있었다. 조너선 에이킨(Jonathan Aitken)은 뉴튼의 전기에서 그가 다섯 가지 원칙으로 녹여낸 영적 생활의 핵심에 대해 설명한다. 뉴튼은 그 다섯 가지를 하나님과 동행하고 사람들을 지도하는 데 필요한 지침으로 삼았다.

- 하루를 하나님과 시작하고 하나님과 마친다.
- 주제에 걸맞게 부지런히 주의해서 성경을 숙독한다.
- 안식일은 온전히 주님과 보낸다.
- 나를 더 나은 사람이 되게 하는 좋은 친구들만 사귄다.
- 몇 사람이라도 구원하기 위해 모든 부류의 사람에게 모든 것이 된다.[5]

다른 말이 더 필요한가? 이것으로 충분하다.

2장

자신부터 가르치는 리더

셀프 리더십을 위한 열한 가지 핵심 질문

빌 하이벨스

지금 머릿속으로 나침반을 떠올려보라. 동쪽, 서쪽, 남쪽 그리고 북쪽 중 어딘가를 가리킬 것이다. 자, '리더십'이란 말을 들으면 리더들은 본능적으로 어느 방향을 생각할까?

그렇다. 남쪽이다.

자신이 이끄는 사람들을 먼저 생각하기 마련이다. 리더십 콘퍼런스에 참석한 사람들은 흔히들 '하나님이 맡기신 사람들을 지도할 리더십'을 배우고 싶어 한다. 리더는 본능적으로 가장 먼저 남쪽으로 움직인다.

하지만 훌륭한 리더들은 동서남북 어느 쪽에서든 지도력을 발휘한다. 이를테면 훌륭한 리더는 북쪽, 곧 당신 위에 있는 사람들도 지도한다. 맡겨진 사람들에게만 집중해서는 안 된다. 내가 윌로우크릭교회의 담임목사로서 가장 많이 하는 일은 관계와 기도, 신중한 목표 설정 과정을 거쳐 내 위에 있는 제직회와 장로들에게 영향을 주는 것이다(윌로우크릭교회는 특정 교단에 속하지 않은 복음주의 초교파교회이다—편집자).

유능한 리더는 또한 동과 서에 해당하는 좌우 동료들을 지도하는 법도 배운다. 동료들과 윈-윈 하는 법을 모르면 문화는 전체적으로 나빠진다. 그래서 리더는 상하와 좌우를 지도해야 한다.

그런데 리더십 문제에서 가장 간과하기 쉬운 부분은 어디일까? 바로 가운데이다.

당신이 지도하기에 제일 만만치 않은 상대가 누구일까?

바로 당신이다.

사무엘상 30장을 보자. 이스라엘의 왕이 될 다윗은 새롭게 등장한 청년 리더이다. 그는 이제 막 군대를 이끌고 전투하는 법을 배우는 중이다. 하나님이 은총을 베푸신 덕분에 다윗은 대부분의 전투에서 승리를 거둔다. 하지만 어느 날 끔찍한 사건이 일어나 상황은 역전된다. 다윗과 부하들이 전장에서 돌아와 보니 적군이 습격하여 성읍을 잿더미로 만들었고, 아내와 자녀들을 납치해간 것이다.

이런 날은 리더에게 최악의 날이다! 이것이 전부가 아니었다. 납치된 가족의 생사를 모르는 군인들에게 피곤과 분노까지 몰려온 것이다. 그들은 하나님께 분노했다. 반대파는 다윗에게 리더 자격이 없다는 말을 퍼뜨렸다. 모든 책임을 다윗에게 돌리고 다윗을 돌로 쳐서 죽이자고 선동했다.

위기를 맞은 다윗의 리더십은 살벌한 심판대에 올랐다. 그는 선택의 갈림길 앞에 서게 되었다. 이런 상황에서 누구를 먼저 지도해야 할까? 군인들일까, 장교들일까, 반대파일까?

과연 다윗은 누구부터 돌보았을까? 어느 누구도 아니었다.

큰 곤경에 처한 순간, 다윗은 기본적인 진리를 깨달았다. 남을 이끌기 전에 먼저 자신을 이끌어야 한다는 사실이었다. 자신의 마음부터 가다듬지 않으면 부하들을 이끌 수 없었다. 그래서 "다윗은 자기가 믿는 주 하나님을 더욱 굳게 의지하였다"(삼상 30:6). 그런 다음에야 그는 부하들을 이끌고 가서 가족을 구출하고 전리품을 되찾을 수 있었다.

다윗은 '셀프 리더십'이 얼마나 중요한지 잘 알았다. 이런 부분을 언급하는 사람은 드물지만, 이것은 리더십에서 확실히 상당 부분을 차지한다. 영혼이 낙심되고 용기가 흔들리며 비전과 헌신이 약해지는 상황에서 어떻게 사람들을 효과적으로 이끌 수 있겠는가?

얼마 전, 내 마음을 무척 심란하게 했던 어떤 글을 읽었다. 20년 동안 리더십에 대해 연구해왔고, 비즈니스 분야에서 명예의 전당에 오른 디 호크(Dee Hock)의 글이었기 때문에, 나는 그의 지혜를 배우고 싶었다. 그는 이렇게 썼다.

"우리는 리더십에 쏟는 힘의 절반을 뚝 떼어 자신에게 먼저 투자한 다음, 나머지 절반으로 아랫사람, 윗사람, 좌우를 지도하는 데 써야 한다."

그 말에 마음이 불편해 더 이상 읽지 않았다. 하지만 요동치는 마음은 그냥 두었다. 평소 누군가 내 마음을 혼란스럽게 할 때에도 일단은 그대로 두는 편이다.

그런 중에 베스트셀러 《EQ 감성지능》(Emotional Intelligence)을 쓴 대니얼 골먼(Daniel Goleman)의 글을 읽었다. **자신의 잠재력을 남김없이 실현하는 리더는 아주 적고, 대부분이 정점에 이르기도 전에 주저앉는 이유는 무엇인가?** 이것은 책이 출간된 1997년 이후 골먼의 연구 주제였다.

어떤 결론이 나왔을까? 두 부류의 차이는 (짐작했듯) 셀프 리더십에 있었다. 골먼은 이것을 '감정 통제력'(emotional self-control)이라고 부른다. 무엇이 리더십의 잠재력을 극대화시킬까? 골먼에 따르면, 격렬한 반대나 좌절에도 리더십을 잃지 않는 근성, 위기가 닥칠 때 리더십을 발휘하고 냉철한 정신을 유지하는 자세, 자존심 따위는 생각하지 않는 태도, 남이 정한 의제에 휘둘리지 않고 자신의 일에 집중하는 모습이다. 그들은 높은 수준의 감정 통제력을 발휘한다. 골먼은 "비범한 리더들이 두드러지는 것은 그들의 월등한 셀프 리더십 덕분이다"라고 말했다.

나는 골먼의 검증된 자료를 보면서 호크가 말했던 비율이 그렇게 황당한 수준은 아니라는 생각이 들었다.

마가복음의 처음 다섯 장을 생각해보자. 예수님은 집중 사역 후 곧바로 반추하고 기도하며 금식과 은둔의 시간을 보내셨다. 이런 일은 공생애 내내 반복되었다. 예수님도 셀프 리더십을 실천하신 것이다. 그분은 한적한 곳으로 가서 사역을 재점검하셨다. 자신이 누구이며, 아버지의 사랑은 어떠한지 재차 확인하셨다. **예수님도 소명을 가다듬고 사명을 다잡으며 방해와 유혹을 물리치기 위한 시간을 정기적으로 확보하셨다.**

이것이 셀프 리더십이다. 이런 일은 아무도, 정녕 아무도 대신할 수 없다. 이 일은 당신이 직접 해야 한다. 셀프 리더십은 힘들다. 디 호크는 대다수의 리더들이 셀프 리더십을 회피한다고 말한다. 영감을 주거나 지시하는 일은 그런대로 하지만, 엄격한 자기반성 따위는 썩 달가워하지 않는다.

몇 년 전, 최고의 위치에 있던 어떤 기독교 지도자가 몰락한 일이 있었다. 언론은 그의 종말을 이렇게 묘사했다. "[그는] 탈진과 분노와 절망으로 바윗덩이처럼 가라앉았다. 이제는 자기 자신에게도, 그가 사랑했던 사람들에게도 쓸모없는 사람이 되었다."

그 목회자는 자신의 심정을 공개적으로 이렇게 밝혔다. "급기야 나는 밤에 잠을 잘 수 없었다. 삶이 망가진 사람들이 파도처럼 교회에 밀려들었지만, 더 이상 그들을 긍휼히 여길 수 없었다. 내 마음에는 분노, 분노, 분노밖에 없었다. 대관절 무슨 일이 있었던 것인지 궁금해하는 사람들이 많다. 그들은 내가 믿음의 위기를 겪었다고 생각한다. 사실 나는 내적으로 무너졌을 뿐이다."

그는 셀프 리더십에 실패했다. 그는 재정비, 반성, 재점검을 해야 했다. 안식년을 갖거나 상담을 받아야 했다. 그는 결국 사역을 그만두었다.

나의 경험을 말해보겠다. 교회를 대표해 세 명의 현자가 찾아온 그 날을 나는 결코 잊을 수 없다. 그들은 이렇게 말했다. "빌 목사님, 스스로도 인정했듯이 윌로우크릭교회 역사에서 초창기 20년 동안 목사님이 최고의 리더십을 발휘하지 못했던 시기가 두 번 있었습니다. 한 번은 70년대 후반이고 또 한 번은 90년대 초반입니다. 자료를 보면 윌로우크릭은 목사님의 서툰 리더십 때문에 상당한 대가를 치렀습니다. 목사님이 집중력을 잃었을 때, 그러니까 8기통 엔진을 전부 가동하지 않았을 때 윌로우크릭은 목사님이 아는 것 이상으로 큰 희생을 치렀습니다."

그 뒤에 그들이 했던 말은 지금도 귀에 생생하다. "빌 목사님, 목사님이 윌로우크릭 교인들에게 줄 수 있는 최고의 선물은 건강하고 활기차고 온전히 순복하며 중심을 지키고 있는 목사님 자신입니다. 그 일을 대신할 사람은 없습니다. 목사님이 직접 그 일을 해야 합니다."

현자들이 이야기하는 동안 성령님은 말씀하셨다. "그들의 말이 옳아, 빌. 그들의 말이 옳아."

나는 이것이 매우 큰 문제라는 것을 안다. 그래서 셀프 리더십과 관련해서 다음과 같은 몇 가지 질문을 규칙적으로 나에게 던지고 있다.

1. 소명: 나의 달려갈 길은 분명한가?

이 문제라면 나는 조금 구식이다. 목회자든 평신도든, 예수 그리스도의 이름을 지닌 사람이라면 모두가 부르심을 받았다. 우리는 온전히 순복하여 하나님이 쓰실 만한 사람이 되도록 해야 한다. 그분에게 여쭤보라. "하나님, 제가 해야 할 일이 무엇입니까? 어디에서 일해야 합니까? 하나님 나라의 거대한 드라마에서 제가 어떤 역할을 맡아야 합니까?"

바울이 자기가 받은 소명에 대해 했던 말을 기억하는가? "주 예수께 받은 사명, 곧 하나님의 은혜의 복음을 증언하는 일을 다하기만 하면, 나는 내 목숨이 조금도 아깝지 않습니다"(행 20:24).

거룩한 하나님의 부르심을 받을 때 우리에게는 어떤 일이 일어나는가? 인생의 목적이 생긴다. 활력이 넘친다. 할 일이 주어진다.

나는 소명을 확실히 해야 한다. 그래서 나는 정기적으로 하나님께 여쭈어본다. "윌로우크릭에서 목회하는 일과 전 세계 교회를 돕는 일에 지금도 저를 부르고 계십니까?" 확답을 받으면 나는 말한다. "그렇다면 가자! 모든 방해와 유혹은 잊자. 퇴로를 없애자!"

그리스도인이라면 자기 사명을 확실히 알아야 한다. 당신의 사명을 적어 냉장고에 붙여놓자. 액자에 넣어 책상에 올려놓자. 맨 먼저 사명을 생각하자.

2. 비전: 나의 미래상은 명확한가?

자신의 미래상이 흐릿한데 어떻게 사람들을 미래로 이끌 수 있단 말인가? 해마다 윌로우크릭에서는 '비전 나이트'(Vision Night) 라는 행사를 연다. 내가 시작한 행사다. 솔직히 말하면 나를 위해 시작한 행사이기도 하다. 해마다 비전 나이트 기간이 되면 나의 미래상을 명확하게 할 때가 되었다는 것을 안다. 모든 리더의 달력에는 이런 시간이 필요하다.

비전 나이트에서는 이런 이야기를 나눈다. "상황을 설명하자면 이렇습니다. 우리는 이런 일을 합니다. 그 일을 하는 이유는 이렇습니다. 계획대로 진행하면 1년 뒤에는 이렇게 됩니다."

윌로우크릭은 비전 나이트 준비에 무척 공을 들인다. 우리는 앞으로 할 일에 대해 여러 번 만나 의논한다. 많이 기도한다. "하나님, 이것이 하나님의 뜻입니까?" 성경을 연구한다. 그리하여 비전 나이트가 열릴 무렵 우리의 미래상은 다시 분명해진다. 명확한 미래상을 유지하기 위해서는 노력을 많이 해야 한다. 아무도 이 일을 대신해주지 않는다. 이것은 리더가 할 일이다.

3. 열정: 나는 무엇으로 열정을 유지하는가?

제너럴 일렉트릭의 잭 웰치(Jack Welch)는 이렇게 말했다. "리더들은 주변 사람들에게 마음껏 퍼주고도 남을 만큼 활력과 열정이 넘쳐야 한다."

전적으로 동의한다. 그러므로 나는 리더들을 임명할 때 25와트 정도 비추는 것으로 만족하지 않는다. 100와트 정도를 기대한다. 주변의 모든 사람을 환히 비추길 바란다. 그들의 열정을 계속 불타오르게 할 책임은 오롯이 나에게 있다. 이것이 셀프 리더십이다.

작년에 당회에서 장로 두 사람이 나에게 물었다. "목사님처럼 바쁜 분이 금요일 밤에 벽지의 작은 교회에까지 비행기를 타고 날아가서, 기부금 모집이나 새 건물 헌당을 독려하는 설교를 하는 이유가 무엇인지요? 왜 그런 일을 하십니까?"

그렇게 해야 열정이 식지 않기 때문이다.

작년에 캘리포니아 주에 있는 한 교회의 건물 헌당식에 참석했을 때였다. 한 남자가 나를 강당 한쪽 구석으로 안내하더니, 카펫을 들추고 콘크리트 바닥을 보여주었다. 거기에는 교회의 핵심 일꾼들이 전도하려고 기도 중인 영혼들의 이름이 새겨져 있었다. 그 강당에서 그들은 잃어버린 영혼의 구원을 위해 간절히 기도한다.

그 교회는 내 마음에 불을 질렀다! 시카고로 돌아가는 비행기 안에서 4시간 내내 흥분이 가라앉지 않았다. 나는 이처럼 모험적인 사역에 헌신하는 사람들을 좋아한다. 그들을 보면 영감을 얻는다. 윌로우크릭이 뜨겁게 타오르기 위해서는 먼저는 내 열정이 뜨겁게 타올라야 한다. 25와트짜리 밝기로는 만족할 수 없다.

윌로우크릭협회에서는 수많은 콘퍼런스를 개최한다. 성장하는 교회의 목사들은 이따금씩 나를 슬며시 찾아와 나직이 말한다. "열정이 식어질 때쯤, 1년에 한두 번은 여기에 와야 해요." 그들은 콘퍼런스에 자주 참석하는 것이 약점이라도 되는 듯 창피해한다.

나는 그들에게 말한다. "모름지기 리더라면 뜨겁게 열정을
유지해야 하지요. 거기에 필요한 일은 뭐든지 하세요. 읽어야 할
것은 다 읽으세요. 가야 할 곳은 어디든지 가세요. 미안해하지
않으셔도 됩니다. 그게 우리에게 맡겨진 중요한 일이니까요."

4. 인격: 나는 겉과 속이 같은가?

사람들에게서 오랜 헌신을 이끌어내는 리더는 과연 누구인가에
대한 설문 조사를 보면 정직이라는 항목이 늘 1, 2위를 다툰다.
리더십에는 도덕적 권위가 있어야 한다. 따르는 사람들이 리더의
정직한 모습을 꾸준히 목격하면 확고한 신뢰 관계가 형성된다.

리더라고 해서 가장 날카로워야 하는 것은 아니다. 심지어
통솔력이 가장 뛰어나야 할 필요도 없다. 하지만 겉과 속이 다른
리더를 오랫동안 따를 수는 없다. 도덕성에 난 흠집은 고스란히
리더십의 흠집으로 이어진다.

얼마 전 우리 교회에 리더십의 위기를 겪던 교역자가 있었
다. 나는 사람들에게 조금씩 캐물었다. "대체 무슨 일입니까?"

마침내 전모가 드러났다. 한 사람이 말했다. "한 가지만 말
씀드리면 그는 회의를 하자고 해놓고는 나타나지도 않습니다.
전화를 해도 잘 받지 않고, 어디에 있는지 모를 때도 많습니다."

나는 그를 불러서 말했다. "바로잡을 건 바로잡읍시다. 언제
어디로 가겠다고 약속을 해놓고 지키지 않으면, 그건 도덕성의
문제입니다. 따르는 사람들의 신뢰를 무너뜨립니다. 그런 점을
고치지 않으면 같이 일할 수 없습니다." 도덕적인 문제를 타협하

면 팀 전체에 해를 주고 결국 사명을 성취하는 데에도 악영향을 미친다.

나는 사람들의 사기를 꺾고 대의를 손상시키는 리더가 되고 싶지는 않다. 그래서 하나님과 단둘이 있을 때는 로리 놀랜드 (Rory Noland)의 노래를 부르며 마음을 가다듬는다.

거룩하신 성령님,

내 모든 삶 속에서

주를 슬프게 하는 모든 더러움들

다 내버리고 정결하게 하소서.

리더는 인격을 수양해야 한다. 자기 외에는 누구도 대신할 수 없는 일이다.

5. 겸손: 나는 겸손으로 허리를 동이고 있는가?

베드로전서 5장 5절은 이렇게 말한다. "하나님께서는 교만한 자를 물리치시고, 겸손한 사람에게 은혜를 베푸십니다."

하나님이 나의 리더십에 반대하셨으면 좋겠는가, 아니면 은혜와 은총을 내리시길 바라는가? 이 둘 사이에서 리더는 선택할 수 있다. 베드로는 바로 이 점을 강조해서 말하고 있다.

선원들은 역풍이 불 때 항해하는 것이 얼마나 어려운 일인지 잘 안다. 반대로 순풍이 불면 얼마나 순탄하고 편안해지는지도 안다. 베드로의 말은 이런 뜻이다. "어느 쪽을 원하는가? 역풍인가, 순풍인가? 겸손하다면 하나님의 은총으로 항해는 순탄할 것이다. 교만하다면 당신의 배에는 역풍이 불 것이다. 하나님은 교만한 사람을 물리치신다."

내가 교만한 리더인지 아닌지 알 수 있는 좋은 방법이 있다. 물어보라.

팀원들에게 물어보라. 소그룹 사람들에게 물어보라. 배우자에게 물어보라. 동료들에게 물어보라. 친구들에게 물어보라. "제가 지금 이 자리에서 교만하게 굴고 있지는 않나요?" 도저히 이런 질문을 할 수 없다면 정말 교만한 사람인지도 모른다!

성령의 도움을 받아 교만을 버리는 일, 이것도 리더의 일이다.

6. 용기: 나는 무엇 때문에 두려운가?

두려움은 사람을 마비시킨다. 나는 때로 목회자들에게 도전한다. "교회에 변화가 절실히 필요하다는 사실을 알면서도 왜 변화하려고 하지 않습니까?"

신상품 출시를 망설이는 기업 리더들에게는 이렇게 묻는다. "왜 당장 착수하지 않습니까?"

특정 사안에 대해 성경적으로 확고한 신념을 갖고 있지만 머뭇거리고 있는 몇몇 정치 지도자들에게는 입장을 분명하게 밝히도록 요청한다.

"두렵기 때문입니다." 내가 자주 듣는 답변이다. 한번 두려움을 느끼기 시작하면 리더는 경직되고 무기력해진다.

나도 마찬가지이다. 7천만 달러(약 800억 원) 규모의 건축 사업을 시작해야 한다는 분명한 느낌이 왔던 2000년 어느 날 아침이었다. 미래상은 분명했다. 당회, 제직회, 경영팀은 비공식적으로 사업을 승인했다. 이제 내가 용기를 내 방아쇠를 당기는 일만 남았다. 그때 내 안에서 어떤 생각들이 소용돌이쳤는지 아는가?

'이 엄청난 사업 계획을 공식적으로 발표하는 순간 퇴로는 사라진다. 지지를 받지 못하면 끝장이야. 지난 20년 동안 우리가 공들여 했던 모든 일, 국내외에서 교인들이 쌓아온 신뢰가 이 문제에 걸려 있어.'

내가 느끼는 두려움은 급속히 커졌다.

'윌로우크릭을 왜 위태롭게 만드는 거야? 우리는 순항 중이야. 지금도 한 해에 천 명 이상씩 세례를 받을 정도로 교회도 성장하고 있고. 그런데 왜 이런 일을 시작하려고 하는 거야?'

두려움 때문에 선뜻 결정을 내릴 수 없었다.

어느 시점에 이르면서, 이런 선언을 하면서 돌파구를 마련했다. "더 이상 두려움 때문에 리더십이 방해를 받게 하진 말자!" 그리고 요한일서 4장 4절을 떠올렸다. "여러분 안에 계신 분이 세상에 있는 자보다 크시기 때문입니다."

자문해보았다. 하나님이 말씀하셨는가? 하나님이 명확하게 지시하셨는가? 핵심 리더들이 동의하는가? 내가 실패해도 하나님은 나를 사랑하실 것인가? 모든 일이 잘못된다 해도 나는 여전히 천국에 갈 것인가?

이 문제로 여러 날을 고민하다가, 마침내 믿음으로 용기 있게 나섰다. 하나님은 큰 복을 내리셨다. 만일 내가 두려움에 굴복했다면 우리는 위대한 기적을 놓칠 뻔했다.

7. 내면: 나는 마음속에 쌓이는 쓰레기를 제대로 처리하고 있는가?

과거에 상처와 상실, 좌절을 겪어보지 않은 사람은 없을 것이다. 그런 일들은 우리의 현재 모습에 어떻게든 영향을 끼친다. 누군가가 "나는 과거로부터 영향을 받지 않았어. 가족 이력도 나에게 별 영향을 주지 않아"라고 말하는 것을 들으면 슬며시 웃음이 나온다.

내면의 실상을 외면하는 리더들은 사람들에게 심각한 결과를 초래하는 결정을 자주 내린다. 무엇 때문에 그런 어리석은 결정을 내리는지 자신도 잘 깨닫지 못한다. 어떤 목회자들은 하나님이 그렇게 말씀하신 적이 없는데도 교인들을 종노릇하게 만드는 중대한 결정을 함부로 내린다. 더 크게, 더 좋게, 더 우월하게, 더 근사하게 보이려는 욕망 때문인 경우가 많다.

사람들의 비위를 맞추려 안달하는 구제불능의 리더들도 있다. 매주 자신의 인기 순위를 궁금해하며 투표를 하고 싶어 할 정도다.

내면의 문제를 처리하고 해결해야 할 책임은 당연히 우리에게 있다. 나도 아주 오랫동안 상담을 받았다. 지금도 기독교 상담사 두 명을 만난다. '맙소사, 내 안에 하나님과는 관련이 없는 문제들이 몇 가지 있는데 그 이유를 모르겠어.' 이런 생각이 들 때마다 나는 그들에게 전화를 건다. "내가 왜 그런 말을 했고, 왜 그런 행동을 했는지 도무지 모르겠어요. 쓰레기 같은 일이에요. 도와주세요." 유능한 리더라면 자신의 이런 '쓰레기'에 대해 알아야 한다!

8. 성령: 나는 성령께 언제나 귀를 열어두는가?

그동안 내가 리더의 자리에서 제안한 획기적인 아이디어 중에 80퍼센트 정도는 내 머리에서 나온 것이 아니라 성령이 주신 영감에서 비롯된 것이었다. 감동적인 연속 설교, 목표 수정, 가치의 정화(淨化), 전략 변화, 뛰어난 인물을 기용하게 된 일은 모두 내가 똑똑해서 된 일이 아니었다. 모두 내 영에 속삭이시는 성령께서 인도한 결과였다.

리더는 하늘의 소리를 들을 줄 알아야 한다. 훈련과 절차, 전략… 다 좋다. 마음의 함양도 중요하다. 하지만 최종적으로, 우리는 눈에 보이는 것이 아니라, 믿음으로 살아가는 사람들이다. 리더십에는 하늘을 향해 귀를 열어야 경험할 수 있는 초자연적인 면이 있다.

나는 정기적으로 자문한다. 나는 지금도 하나님의 음성을 들을 수 있는가? 여전히 하나님의 말씀이 잘 들리게끔 차분한 인생을 유지하는가? 모든 것을 이해하지는 못하더라도 여전히 하나님께 순종할 용기가 있는가?

9. 속도: 나는 지속가능한 속도로 일하는가?

1990년대 초, 나는 감정적으로 완전히 무너져내리기 직전까지 갔다. 셀프 리더십을 몰랐기 때문이었다. 지속가능한 삶이 어떻게 가능한지에 대해서도 무지했다. 감정을 소모하고 영적 재능을 남용했다. 건강을 해쳤다. 가족과 친구들을 소홀히 대했다. 죽음을 코앞에 두고 있었다.

식당에 앉아서 이런 글을 썼던 기억이 난다. "지금껏 조급해하며 하나님의 일을 감당해왔는데, 정작 그 조급성으로 인해 내 안에서는 하나님의 역사가 무너지고 있었다." 그러고는 얼굴을 공책에 파묻고 흐느꼈다.

그리고 자문해보았다. '빌, 일 좀 더 하라고 면박 주는 사람이라도 있는 거야? 하나님 외에 다른 누군가에게 인정과 칭찬을 받고 싶어서 그런 식으로 사는 거야?' 나는 화들짝 정신이 들었다. 아니, 절망했다.

나를 감독할 책임이 있는 당회도 그런 적이 없었다. 제직회도 교역자도 가족도 친구도 나를 다그치지 않았다. 사역의 속도로 인한 문제는 전적으로 내 책임이었다. 누구도 탓할 수 없었다. 문제는 심각한데 어느 누구도 탓할 수 없다는 것은 참으로 끔찍하게 외로운 감정이었다.

하나님 나라를 위해 일하다가 탈진하고 멍해졌는데 탓할 사람이 없다니! 사우스헤이븐의 싸구려 식당에 홀로 앉아 나는 몹시 성질을 부렸다. 그 장본인을 찾으려면 거울을 똑바로 봐야 했다.

지속가능한 삶이 가능해지려면 내가 정신을 차리고 이 문제를 직접 해결해야만 했다. 이 현실이 문제를 더 힘겹게 했다. 지난 15년 동안 나는 과로했고 절제하지 못했으며 속으로는 이렇게 외치고 있었다. '장로들은 왜 나를 도와주지 않지? 친구들은 도대체 뭐 하고 있는 거야? 내가 죽어가는 게 사람들 눈에는 보이지 않나?'

하지만 이것은 그들의 몫이 아니다. 내 일이다. 당신도 오랫동안 사역을 지속하려면 그 일을 가능하게 하는 리더십을 개발하길 바란다. 아직 그러지 못했다면 말이다.

10. 은사: 나는 영적 은사를 최대치까지 계발하고 있는가?

깜짝 퀴즈를 하나 내겠다. 당신이 가진 최고의 영적 은사 세 가지는 무엇인가? 이 질문에 대해 이름과 주소, 전화번호처럼 금방 대답할 수 없다면 나는 이렇게 말하고 싶다. "제발 정신 좀 차려요!" 나는 이 문제에 대해서만큼은 '공감 결핍 증후군'이 있다. 진지하게 말하건대, 모름지기 리더라면 자신의 영적 은사에 대해 통달하고 있어야 한다. 자신에게 어떤 은사가 있는지 알아야 하고, 무엇을 제일 잘하는지 그 순서까지 정확히 꿰고 있어야 한다. 모든 리더에게는 자신의 영적 잠재력을 최대치까지 계발해야 할 책임이 있다고 성경은 말한다.

나는 정신을 차리기 위해 정기적으로 자문한다. '빌, 하나님은 너에게 세 가지 은사만을 주셨어. 다섯 가지, 여섯 가지, 일곱 가지 은사를 지닌 사람들도 있지. 하지만 네 은사는 리더십과 전도, 교육이야. 은사를 잘 가꾸고 있어? 읽어야 할 것을 전부 읽고 있어? 이 분야에서 너보다 훌륭한 사람들을 만나고 있어? 이 세 가지를 힘써 계발하며 성장하고 있어?'

내가 받은 은사는 이 세 가지이기 때문에 훗날 하나님 앞에 섰을 때 나는 이것만 책임지면 된다. 영적 은사를 계발하는 일이라면 조금도 게으름을 피울 수 없다는 사실을 잘 알고 있다.

11. 사랑: 나는 하나님과 사람들을 깊이 사랑하는가?

하나님을 향한 마음을 키워가는 일은 누구의 몫일까? 교회의 일인가? 소그룹이 해야 하는가? 아니다. 누구도 아닌 바로 당신이 감당해야 할 몫이다. 아무도 그 일을 대신할 수 없다. 당신으로 하여금 그리스도를 본받는 삶을 지속할 수 있게 하는 영적인 습관을 갖춰야 한다.

마찬가지로 사람들을 향한 사랑 역시 깊어지고 있는가? 하나님이 귀하게 여기시는 보물은 한 가지, 즉 사람들뿐이다.

아이들이 어릴 적, 아내와 단둘이 외출할 일이 있을 때 나는 보모를 불러 이렇게 당부하곤 했다. "아셔야 할 게 있어요. 우리가 귀하게 여기는 보물은 딱 둘이에요. 우리가 없는 동안 차가 박살나든 집에 불이 나든 상관없어요. 정말이에요. 한 가지만 부탁할게요. 우리 아이들을 잘 보살피겠다고 약속해주세요. 우리에게 정말 중요한 것은 이 아이들이에요."

하나님은 리더들에게 말씀하신다. "약속하라. 그렇게 하겠다고 말하라. 내 보물들을 잘 보살펴라. 최고의 리더가 되어 내 보물들을 잘 보살피겠다고 말하라. 그들을 사랑하라. 양육하라. 자라게 하라. 도전하라. 성숙하게 하라. 이 세상에서 나에게 정말 중요한 것은 바로 그들이다."

지금 당장 주님께 대답하자.

"예, 그렇게 하겠습니다."

3장

추락이 내 삶에 남긴 것들

철인 행세는 그만두고 정직한 멘토를 찾으라

네이선 콘래드

빙벽 등반을 하기에 이보다 더 좋은 날은 없었다. 영하 17도의 화창한 날씨에 눈은 가볍게 흩날리고 있었고 바람은 잔잔했다. 월요일에 우리 네 사람은 벌써 여러 개의 작은 빙벽을 등정했다. 1년 동안 등반을 하지 않았기에 우선 수월하고 익숙한 루트부터 시작했다. 2011년 2월 8일 화요일, 우리는 주변의 여남은 루트를 살피다가 좀 더 도전 정신을 발휘하기로 했다. 뉴햄프셔 주 크로포드 노치(Crawford Notch)에 있는 프랑켄슈타인 절벽의 유명한 루트인 '드라큘라' 빙벽에 도전하기로 한 것이다.

　나는 빙벽 등반을 즐긴다. 한계 상황을 극복해가면서 몸을 움직이는 일이 즐겁고, 팀워크와 동지애를 느끼는 것도 고마운 일이다. 그래서 화요일에 노련한 세 명의 등반가와 함께 드라큘라 빙벽 출발지로 향할 때는 선등에 자신감을 느꼈다. 한 친구가 후등자로 따라와 빙벽에 남은 장비를 치워주기로 했다. 드라큘라는 선등했던 빙벽보다 최소한 1.5~2등급이 높았지만 본격적으로 실력 발휘를 할 수 있겠다는 생각에 짜릿함이 앞섰다.

내가 추락하다니, 믿을 수 없어

사람들은 등반을 위험하고 무모한 일로 여긴다. 노련한 등반가 존 크라카우어(Jon Krakauer)도 등반이 "대담하고 위험한 얘깃거리가 많은" 스포츠라는 사실을 인정한다. 이 말은 사실이다. 하지만 등반가들은 등반 전에 충분한 연습을 하고 안전 장비를 잘 사용하면 위험을 최대한 줄일 수 있다는 점도 강조한다.

　드라큘라를 오를 때 몸 상태는 최상이었고 내 등반 실력에 대해서도 의심하지 않았다.

　하지만 높이 34미터 빙벽의 3분의 2 지점에 이르자 힘에 부치기 시작했다. 빙벽에는 이미 두 개의 확보물을 설치한 상태였다. 확보물로 쓰는 얼음 나사못은 추락을 방지하는 고정 장치다. 세 번째 얼음 나사못을 설치하려다가 욕심을 부려서 조금 더 높이 올라갔다. 안간힘을 써서 빙벽을 오르는데 갑자기 피로가 몰려왔다. 두 번째 나사못에서 10미터 정도 위 지점에서 근육이 풀리기 시작했다. 등정에 실패할 수도 있겠다는 느낌이 들었다. 심지어 나사못을 더 박을 힘도 낼 수 없었다.

팔다리가 후들후들 떨렸다. '추락하겠어!'라는 생각이 들자 전신에 공포감이 달라붙었다. 나는 필사적으로 피켈을 최대한 깊게 찍어 넣고 등산화로 빙벽을 차서 발밑을 단단히 고정시킨 뒤 한 친구에게 구조를 요청했다. 그는 카라비너(금속 고리) 하나를 위로 던졌다. 이제 로프를 고리에 끼우면 추락은 막을 수 있었다.

하지만 몸이 말을 듣지 않았다. 첫 번째 시도에서는 허리 밑의 로프를 충분히 길게 잡지 않아서 연결에 실패했다. 다시 몸을 움직였는데 갑자기 모든 게 엉망이 되었다. 발은 미끄러지고 피켈은 빠지고 내 몸이 추락하고 있음을 느꼈다. 나는 곧장 20미터 아래로 떨어졌고 튀어나온 얼음에 부딪혀서 튕겨나갔다. 그제야 로프가 팽팽해져서 나는 빙벽에 대롱대롱 매달렸다.

놀랍게도 의식은 살아 있었다. 더 추락할 것 같은 공포가 엄습했다. 추락을 막기 위해 필사적으로 피켈을 잡았다(피켈은 손목 고리에 연결되어 있다). 부상을 당했다는 것은 알았지만 얼마나 다쳤는지는 알 수 없었다. 아주 높은 곳에서 떨어졌다는 충격적인 사실 외에는 아무것도 느낄 수 없었다. 발을 헛디딘 적은 있어도 추락은 처음이었다. '내가 추락하다니. 내가 추락하다니. 믿을 수 없어.' 이런 생각만 맴돌았다.

한 친구는 "그렇게 무서운 광경은 처음 봤다"라고 했다. 추락 직후 그들은 신속하게 움직였다. 한 친구가 침착하고 든든한 음성으로 말했다. "네이트, 우리가 잡았어. 넌 안전해. 이제 아래로 내릴게." 나는 그 말을 듣고 나서야 안심하고 친구들에게 나를 맡겼다.

드라큘라 빙벽 밑으로 내려오자 낯선 두 얼굴이 보였다. 한 명은 자신이 응급실 의사라고 했다. 그 순간 하나님의 은혜를 느꼈다. 그는 내 몸을 살핀 뒤 "안심하세요. 하지만 병원에 가야 해요"라고 말했다. 차는 2킬로미터 떨어진 곳에 있었다.

의사의 검진 후 나는 눈 덮인 산을 미끄러지듯 내려가 친구들의 부축을 받으며 차가 있는 곳까지 간신히 걸어갔다. 병원으로 가는 차 안에서 두려움은 점점 더 커졌다. 이마의 상처와 코에서 피가 흘렀다. 한쪽 눈은 보이지 않았다.

나는 사흘 동안 치료와 간호를 받은 뒤 퇴원했다. 사고에 비해 부상은 전체적으로 경미한 편이었다. 비골 골절, 새끼손가락 골절, 두개골 골절, 눈 뒤의 안와 골절이 전부였다.

추락이 내 삶에 남긴 것들

지나고 보니 몸이 다친 것은 심각한 문제가 아니었다. 사고 후에 일어난 일로 인해 몇 달간 내 영혼과 인간관계, 감정이 망가졌고, 회복하는 데 시간이 더 걸렸다.

지난 3년 동안 우리가 함께했던 빙벽 등반을 모두 녹화해온 친구가 있었다. 이번 등반 역시 그의 비디오에 담겼다. 사고 후 친구는 응급실 의사 및 등반 가이드와의 인터뷰 장면을 더해서 14분 분량의 동영상을 편집한 뒤 비메오(동영상 공유 사이트)에 올렸다.[6]

동영상이 그렇게 큰 반향을 일으킬 줄은 정말 몰랐다. 전국의 등반가들은 내 실수를 보며 서로 분석하고 공유하면서 심지어 조롱하기까지 했다. 나는 금세 엉터리 빙벽 등반의 대명사가 되었다.

미국 최고의 등산가 윌 가드(Will Gadd)는 동영상을 자신의 블로그에 게시하고 내 등반에 대해 유익하지만 신랄한 비판을 가했다. 장문의 두 게시물에서(제목 하나는 '이런 꼴이 되지 않는 법') 가드는 등반가들에게 내게는 "선등자가 될 실력이 전혀 없었다"라고 말했다. 그는 내 발동작이 "형편없고" 더 일찍 추락하지 않은 게 신기할 정도라고 덧붙였다. 첫 번째 게시물의 결론 부분에서 가드는 내가 이렇게 생각해야 한다고 독자들에게 일갈했다. "여생을 불구로 살지 않게 된 건 기적 같은 천운이었다. 나는 빙벽 등반을 처음부터 다시 배워야 한다."

나 자신을 열광적인 등반가로 자처했던 터라 그의 말은 내 영혼을 깊이 파고들어 상처를 냈다. 하지만 가드의 말은 백번 옳았다. 나는 그의 글을 읽은 뒤 이메일을 보냈다. **"이건 등반에만 국한된 문제가 아닙니다. 내 인생 전체가 걸린 문제입니다."** 이 사고는 내 영혼의 망가진 데를 집약해놓은 것처럼 보였다. 나는 통제와 인정과 같은, 생명력을 고갈시키는 우상에 집착했고 나의 생활과 인간관계, 사역 이곳저곳은 병든 습관에 물들어 있었다.

등반 기술의 실수와 버릇, 심지어 '죄'가 내 생활 전반에서 똑같이 반복된다는 것을 깨달았다. 아직도 문제를 완전히 해결하지는 못했지만 그 사고 후에 그리스도와의 관계를 다시 점검하고 부족한 부분을 반성하고 있다.

이것은 단지 등반에 대한 문제가 아니다

등반가들은 동영상을 돌려 보며 내가 부인할 수 없는 사실을 지적했다. '이 남자는 자기 실력을 모른다.' 사고가 나기 전에는 그런 평가를 내리지 못했다. 내 본능은 드라큘라 빙벽을 선등할 실력이 부족하다고 경고했을지 모르지만, 새롭고 도전적인 일을 해보겠다는 흥분에 들떠서 그런 경고 따위는 무시했다.

등반가들은 루트에 오를 때 아드레날린이 나와 판단력이 흐려지는 상태를 '아드레날린 과다 분비 상태'라고 부른다. 이런 상태가 최고조에 이르면 아드레날린은 등반가의 피로와 안전, 상식까지 모든 것을 제압해버린다. 아드레날린에 취해 천하무적이라는 생각이 들 때 근육은 풀리기 시작한다.

그 시점에서 나는 멈춰 선 다음 얼음 나사못을 박은 채 쉬든지, 그렇지 않으면 등반을 포기하고 빙벽을 내려가야 했다. 하지만 아드레날린 흥분 상태에 빠진 나는 위험천만하게도 계속 올라갔다.

나는 그런 행동을 거듭 합리화했다. '나는 괜찮아. 조금 있다가 쉬면 돼. 충분히 해낼 수 있어. 계속 움직여야 하니까 지금은 (아니 절대로) 멈출 수 없어.' 내가 처한 상황을 명확하게 인식해야만 했다. 마지막 확보물에서 멀리 떨어져 있었고, 체력은 고갈됐으며, 휴식과 안전 조치는 무시했다. 그래서 노련한 등반가라면 지나친 아드레날린 고조 상태에서는 등반하지 않는다. 탈진과 과욕으로 자칫 목숨을 잃을 수도 있기 때문이다.

사고 이후, 그러한 등반 습관이 내 인생에는 어떻게 반복적인 영향을 미치고 있는지 따져보기 시작했다. 사역을 비롯한 여러 분야에서 하나님이 정하신 한계를 무심코 무시하거나 의도적으로 위반하면서 살아왔던 모습을 보았다. 사역으로 인한 피로와 아픔에 대해서도 단순한 전략으로 해결하려고 했다. '입 다물고 하던 일 해, 일이 더 어려워지면 머리를 처박고 더 열심히 일하자.'

다행히도 지금 나는 인생과 사역을 더 건강하게 꾸려가는 법을 배우고 있다. 피터 스카지로 목사는 《정서적으로 건강한 교회》에서 "영적 리더들은 하나님이 정하신 한계를 받아들여야 한다. 우리 부르심의 핵심과도 닿아 있는 문제이다"라고 주장한다. 정신없이 바쁘게 일하는 교회 문화에서는 특히 그렇다. 스카지로는 이어서 말한다. "하나님이 정하신 삶의 한계를 존중하지 않으면 과욕과 스트레스, 탈진에 빠진다."[7]

사고를 당한 후 내 안에 깊이 숨어 있던 이런 성향의 뿌리를 파헤칠 수 있었다. 나는 성취와 인정이라는 우상을 쫓아왔기 때문에 한계를 만나면 종종 화가 났다. 교인들에게는 훌륭한 목사, 유능한 설교자, 모든 사람을 따뜻하게 보살피는 목자로 인정받고 싶었다. 일주일에 75시간씩 일한 것도 그 때문이었다. 그렇게 살면서 영혼은 공허해지고 몸은 탈진했으며 인간관계는 금이 갔다. 불행히도 불도저식 사역 방식은 나만 괴롭힌 게 아니라 남들까지 위태롭게 했다. 목사로서 아드레날린 분비가 최고조에 이르면 오히려 하나님과 멀어지고 아내와 아이들을 소홀히 대하며 성도들에게 집중하지 못한다는 사실을 인식하기 시작했다.

그렇다. 이것은 단지 등반에 관한 문제가 아니다. 이 경험은 파탄 난 내 영혼을 축약해서 보여주고 있었다.

추락 사고가 난 지 거의 1년이 지난 지금, 나는 정기적으로 자신에게 정직한 질문을 던진다. 내 아드레날린 분비가 최고조에 이르는 때는 언제인가? 하나님이 정하신 한계를 무시하고 있지는 않은가? 강력한 호르몬의 분출을 맛보고는 그것을 마치 하나님을 섬기고 교회를 세우며 새로운 사역을 하는 데 필요한 열정이라고 혼동하는 것은 아닌가? 말하자면, 이것은 하나님을 위한 일인가, 나를 위한 일인가? 나는 성령에 취해 일하는가, 아드레날린에 취해 일하는가?

물론 나는 하루아침에 달라지지 않았다. 지금도 내 사역 방식에 영향을 주는 우상을 찾아내는 중이다. 하지만 리더는 한계를 존중해야 한다는 것을 인정한다. 이를테면 내 영혼과 몸이 일주일 동안 일할 수 있는 시간에는 한계가 있다는 사실을 이제는 받아들인다. 아내와 아이들이 인생의 꽃을 피우는 속도는 각기 다르다는 현실에 적응하려 한다. 교인들 역시 항상 빠르게 성장하는 것은 아니다.

이런 한계들은 누군가의 사역이나 성장을 방해하는 장애물이 아니다. 오히려 거기에 생명을 불어넣는 축복이요 선물이 될 수도 있다. 그런데 나는 왜 하나님이 보호하시는 한계를 넘어서라고 나 자신과 사람들을 채근했던 것일까?

실패를 두려워한다면 리더십을 발휘할 수 없다

등반가들 대부분은 실수를 저지른다. 해마다 많은 이들이 추락 사고로 낙상을 입거나 목숨을 잃는다. 충분히 피할 수 있는 실수로 인한 경우도 많다. 하지만 추락 사고를 직접 보면서 무슨 실수를 했는지 포착할 수 있는 기회는 드물다. 동영상과 인터넷 덕분에 내 실수는 전 세계로 퍼졌다. 등반가들이 실제 상황에서 해서는 안 될 행동을 보여주면서, 안전사고를 집중적으로 분석하고 교훈까지 주는 동영상은 거의 없었기 때문이었다.

등반가들의 반응은 빠르고 강하고 거칠었다. "무식의 극치", "장비를 다 팔아치워라", "이놈은 곧 죽겠군" 같은 악플이 달렸다.

여느 리더처럼 나도 명예를 중시한다. 유능한 사람으로 인정받고 싶다. 그래서 내 동영상을 보고 분석하는 사람이 늘어날수록 내 마음은 더 황망하고 창피했다. 어떤 사람은 윌 가드의 블로그에 이런 댓글을 남겼다. "내가 이 남자라면 다시는 뉴햄프셔 근처에 얼씬거리지 않겠다." 동의한다. 나도 숨고 싶었다. 적어도 내 체면은 지킬 수 있는 이야기를 지어내고 싶은 마음이 간절했다. 타락하고 불안한 내 마음은 실패가 폭로되는 것을 견디지 못했다. 사람들에게 실패가 아닌 성공하는 모습을 보여주고 싶은 것이 인지상정이다.

하지만 실패를 두려워한다면 용기 있는 리더십을 발휘할 수 없다. 최근에 열린 글로벌리더십서밋에서 세스 고딘(Seth Godin)이 했던 말마따나 "실패가 없다면 성공이라 불릴 만한 것도 없다.” 그래서 추락 사고는 다시금 내 생각을 흔들었다. 나는 실패에 어떻게 반응하는가? 도망치거나 숨는가? 아니라면 왜 두려움과 수치를 느끼는가? 나는 꾸준히 실패를 발견하고 교훈을 배우는가? 내가 지도하는 사람들은 나를 통해 은혜와 겸손으로 실패하는 법을 배우는가? 나는 남들이 실패할 때 적절하게 반응하는가?

건설적인 피드백을 해줄 사람을 찾으라

추락 사고 후, 갑자기 입바른 조언에 굶주리기 시작했다. 윌 가드를 비롯한 여러 사람의 비판을 들으니 더 노련한 등반가들과 알고 지내고 싶어졌다. 그들의 블로그를 찾아 읽고 이메일로 더 많은 정보를 요청했다. 책을 주문해 읽고, 추락 사고 동영상을 보며 등반 가이드가 해준 조언을 반복해서 들었다.

여느 일과 마찬가지로 빙벽 등반에도 필요한 지식과 기술이 있다. 멘토링과 학습, 교육과 훈련을 받아야 한다. 등반가는 로프 매듭법, 휴식 방법, 안전 점검과 재점검, 발동작, 자기 제동과 자기 확보 방법, 나사못 설치, 루트 선택, 장비의 남용과 손상을 점검하는 법에 대해 겸손한 자세로 진득하게 배워야 한다. 학습 곡선은 가파르게 올라간다. 나는 겸허한 자세로 이런 것들을 다시 배우고 등반가로서 실력을 쌓아야 한다.

공개적인 망신을 당했지만 다행히도 뜻밖의 멘토를 찾았다. 나를 맨 처음 비판했던 윌 가드였다. 그는 블로그에 첫 게시물을 올린 뒤 직접 몇 차례 이메일을 통해 실제적인 조언을 해줬다. 그는 톱로핑 등반을 연습하라고 말했다. 톱로핑은 절벽 위의 나무에 로프를 매고 그 줄을 잡고 등반하는 간단한 기술이다. 확보물이 없어도 안전하게 연습할 수 있다. 또한 가드는 돈이 들더라도 노련한 등반가에게 훈련을 받으라고 강조했다. "다리가 부러지고 머리가 깨지거나 죽는 것보다 하루 강습비가 [훨씬] 쌉니다."

가드는 격려의 말도 아끼지 않았다. "되도록 당신을 돕고 싶어요. 인터넷에서 하는 얘기들은 너무 심각하게 받아들이지 마세요. 타당한 말은 받아들이고 악담은 무시하면 됩니다. 지하실에서 커피를 마시든지 무얼 해도 좋으니 모든 과정을 되새겨보세요. … 잘 아시듯이 문제는 이것들을 어떻게 처리하느냐는 거예요. 나도 돕기로 했으니까 같이 즐기면서 발전해봅시다."

이것은 목회 현장에도 필요한 말이었다. 사역을 혼자서 하지 마라, 멘토를 찾아라, 남들의 말에 귀를 기울여라. 사역 경험이 더 많고, 목회 기술 전수가 가능하며, 당신의 맹점을 지적하고, 건설적인 피드백을 해줄 수 있는 사람을 찾아라. 시간과 돈이 들지도 모르지만 사역이 무너지고 몸이 망가지는 것보다 훨씬 낫다.

그래서 나는 이렇게 묻기 시작했다. 내가 귀를 기울여야 할 사람은 누구인가? 사랑과 용기로 내 죄와 약점, 나쁜 버릇에 대해 지적해줄 사람은 누구인가? 실제로 그런 '고언'을 듣는다면 달가워할까? **무섭도록 정직하면서도 사랑과 신뢰를 담아 나에게 조언해줄 수 있는 사람, 나에게는 그런 사람이 필요하다.** 교만하고 자기만족에 빠진 철인(鐵人) 행세를 그만두고, 친절하고 환대하며 하나님을 의지하는 삶과 리더십의 모범이 되어야 한다는 것도 배우고 있다.

내 버릇과 죄, 좀체 성장이 없는 부분에서 비판을 수용하고 적극적으로 경청하기 시작했다. 한번은 일주일 동안 영적 부흥을 주제로 열린 대회에 참석한 적이 있었다. 아내가 함께한 자리에서 양육자와 대화를 나누면서 내 안에 깊은 분노가 있다는 것을 발견했다. 통제 욕구와 체면에서 비롯된 분노였다. 나는 아내와 교회, 그리고 자신에 대해 큰 기대를 품고 있었고 이런 관계들이 기대에 부응하지 못하면 화를 냈다.

아내는 내가 참을성이 부족하고 일에 빠져 살며 완고하고 말을 거칠게 한다는 것을 차분하고 용기 있게 지적했다. 나는 그런 식으로 아내의 영혼에 상처를 주고 있었다. 처음에는 분노를 느꼈지만 아내의 말은 천천히 내 교만을 뚫고 들어와 완고했던 마음을 부드럽게 녹였다. 물론 지금도 아내한테든 등반가들에게든 잘못을 지적받으면 쓰리고 아프다. 하지만 사고 이후 나는 정직한 피드백은 성장의 기회가 된다는 것을 새롭게 배웠다.

내 인생의 진짜 영웅은 누구인가

추락사고 이후 나는 실패를 공개적으로 인정할 수 있게 되었다. 그 사고로 나는 예수님을 무대 중앙에 모시기 싫어한다는 사실이 드러났다. 나의 실패와 그분의 은혜를 보여주는 이런 이야기는 인생과 사역에 훨씬 더 나은 담론이 된다.

과거에 나는 사역 전반에서 '최고의 영웅, 신화적인 목사 이야기'를 신봉했다. 타락한 내 마음은 이런 리더십 이야기를 갈망했다. 물론 나를 중심으로 돌아가는 이야기다. 나는 언제나 유능하고 천하무적이며 제압할 수 없고 정의롭기까지 한(적어도 남들보다는 정의로운) 영적 리더로서 실수 하나 없이(있더라도 눈에 띄지 않게) 하나님을 위해 영웅적으로 일할 수 있어야 한다.

이러한 신화에 한번 빠져들기 시작하면 올무에 걸린다. 불건전한 습관과 악한 욕구에 걸려 꼼짝하지 못한다. 실패와 비난을 무서워하는 노예가 된다. 일에만 몰두하고 성령의 역사는 무시한다. 영웅이 되고 싶기 때문에 하나님께 의지하지 않는다. 하지만 하나님이 우리를 도우셔서 겸손하게 실수를 인정하고 실패를 고백하며 한계를 받아들이게 되면 하나님만 예배하고 찬양할 수 있다.

하나님이 이야기의 영웅이 되시면, 즉 그분이 감독, 제작자, 내레이터, 스타가 되시면 설령 내가 실패했다 하더라도 필연적으로 패배로 이어지지 않는다. 나의 실패는 사람들에게 (내가 아니라) 크신 하나님을 보여주기 때문이다. 이야기는 내 실패로 끝나지 않는다. 결국 이야기의 주인공은 내가 아니기 때문이다.

영웅은 내가 아니라 하나님이다. 나는 더 이상 자신에게나 남들에게 무언가를 증명하기 위해 일등이 되거나 능력을 과시하고 한계를 넘어 밀어붙이지 않아도 된다. 우리는 제자들처럼 하나님 나라를 위해 자신의 무지와 고집과 실패에 대해 이야기해야 한다. 때로 그런 순간은 조금 창피하기도 하다. 하지만 그와 함께 우리는 하나님의 은혜가 우리의 죄를 이기셨다는 것도 말할 수 있다. 우리는 그런 방식으로라도 하나님이 공급하시는 은혜에 대해 간증할 수 있다.

2부

결정적인
순간에
나를
지키는 것들

'진실의 순간'(Moment of Truth)에 대해 아는가?

원래는 투우 경기에서 소의 급소를 찌르는 가장 중요한 순간을 일컫는 말이었는데, 기업 경영에 사용되면서는 '기업이 고객과 만나는 접점'을 의미하는 뜻으로 쓰이고 있다. 생사를 좌우하고, 흥망을 가늠하는 결정적인 순간을 비유적으로 이른다.

살아가면서 우리는 때로 이러한 '진실의 순간'을 만난다. 시간으로 따지면 아주 짧은 순간이지만 자신의 모든 것이 다 드러나는 때. 주님께서 나를 둘러싼 몇 겹의 장막을 살짝 들추셔서 감추고 싶은 나의 부끄러운 모습을 단박에 보여주시는 그런 때. 또한 '진실의 순간'은 우리의 급소가 원수에게 드러난 때이기도 하다. 자칫 잘못하면 급소를 공격당해 치명적인 부상을 입을 수 있는 순간이다.

우리가 원수에게 먹이가 되지 않고, 오직 하나님만 의지하여 나의 약함과 부족함을 고침받으려면 어떻게 해야 할까? '결정적인 순간, 진실의 순간'을 은혜의 순간이 되게 하는 길이 있을까?

2부에서는 유진 피터슨, 고든 맥도날드, 마크 부캐넌이 진솔한 자기 경험과 조언을 들려준다. 하나님과의 관계, 인간관계, 내적이고 외적인 시련 앞에서 어떻게 자신을 지킬 수 있었는지 선배 동역자의 입장에서 허심탄회하게 고백한다. 그들의 지혜를 들어보자.

4장

느긋하게 들어라

영혼에 말씀이 스며드는 성경 읽기

유진 피터슨

성경은 교과서가 아니다. 공부하고 통달해서 기계적으로 적용할 수 있는 그런 매뉴얼이 아니다. 우리는 시를 읽듯이 하나님의 말씀을 귀담아듣고 말씀이 영혼에 스며들 때까지 생각하고 또 생각해야 한다. 어떻게 하면 성경을 영적으로 읽으며, 느긋하게 하나님의 말씀으로 들을 수 있을지 알아보자.

예로부터 내려온 '렉시오 디비나'(*lectio divina*)는 겸손한 자세로 성경에 귀를 기울이고 변화를 체험하는 독서법을 말한다. 이에 대해 리처드 포스터(Richard J. Foster)가 잘 설명해주었다.

'렉시오'는 우리의 지성을 마음으로 '하강하게' 하여 지성과 마음이 함께 하나님의 사랑과 선하심으로 나아가게 하는 방법이다. 목표는 흠뻑 잠기는 데 있다. …

렉시오의 형태는 다양하고 호칭과 강조점은 각각 다르지만 기본적으로 다음의 네 가지 요소로 구성된다. '렉시오'(lectio, 경청하는 마음으로 읽기), '메디타시오'(meditatio, 들은 것에 대해 숙고하기), '오라시오'(oratio, 들은 것에 대해 기도하기), '콘템플라시오'(contemplatio, 삶에서 어떻게 실천할 것인지 성찰하기). [우리는 또한] 렉시오의 기본 요소를 '경청', '숙고', '기도', '순종'으로 부르기도 한다. 렉시오의 네 가지 요소는 순차적으로 이뤄지기보다 순환적으로 겹치고 섞인다. 이때 인간의 영혼은 성령과 역동적으로 교류하게 된다.[8]

내가 언제부터 '렉시오 디비나'를 했는지 확실히 기억할 수는 없지만 이 용어를 알기 훨씬 전부터 직관적으로 실천하고 있었던 것 같다. 나는 고등학교 시절에 시에 빠져 살았다. 알다시피 시는 빨리 읽을 수 있는 글이 아니다. 시에는 운율과 압운, 의미의 층 같은 것이 많다. 시의 모든 것을 흡수하고 싶다면 천천히 읽어야 한다. 학창 시절에 성경의 시편 역시 시란 사실을 깨달았을 때, 나는 시를 읽듯이 천천히 시편을 읽으면서 기도했다.

그러다가 차츰 성경 전체를 그렇게 읽었다. 대체로 시는 처음에 읽으면 의미를 이해하지 못한다. 열 번 이상은 읽어야 한다. 귀를 기울여야 한다. '렉시오 디비나'의 네 단계와 같다. 말했듯이 네 단계는 순차적으로 이뤄지지 않는다. 오히려 나선형 계단처럼 빙글빙글 돌아간다. 물이 흐르는 것처럼 계속 돌면서 한

단계에서 다음 단계로 건너간다.

　나는 이런 식으로 성경을 읽는 일이 결정적으로 중요하다는 것을 느꼈다. 이렇게 하면 성경에 젖어들 수 있었다. 나는 이 방법을 교인들에게도 알려주고 싶었다. 우리는 소그룹을 이루었다. 교인들은 소그룹을 '성경공부 모임'이라고 불렀지만 호칭이 문제가 되었다. 모임에 '공부'라는 단어를 붙이면 사람들은 정보 습득을 목표로 삼기 쉽다. 성경은 우리가 이해하고 설명해야 하는 대상이 된다. 이것은 큰 장애물이다. 사실 당시 나는 그 장애물을 제대로 제거하지 못했다.

　우리는 '성경공부 모임'이란 말을 버리고 '대화 모임'이라고 이름을 붙였다. 우리는 말 그대로 성경과 대화를 나눴다. 우리는 본문을 정하고 경청했다. 여러 사람이 여러 목소리로 읽은 뒤 본문의 언어와 소리, 메시지에 귀를 기울였다. 나는 한 시간가량 사람들의 이야기를 기록한 뒤 마지막으로 주석서를 펼쳤다. 주석서에 기록된 거의 모든 것을 대화 모임에서 이미 이야기했다는 사실을 보여줬다. 나는 학자들이 우리보다 더 우월하다고 믿는 견고한 편견을 깨뜨리고 싶었다. 우리 스스로 하나님의 말씀과 만날 수 있다는 것을 잘 믿지 않아서 생기는 일이었다.

　분명히 밝히지만 나는 여기서 사전, 용어 색인, 주석서 같은 성경 연구 자료가 필요 없다고 말하는 것이 아니다. 모두 고유한 쓸모가 있지만 그것 때문에 본문이 말하는 바를 귀여겨듣지 못할 수도 있음을 지적하고 싶은 것이다. 엄밀히 말하자면, 우리가 전혀 이해할 수 없을 정도로 난해한 내용은 성경에 없다. 성경은 일상어로 기록되었다. 글을 모르는 사람들을 위해 입에서 입으로 전해진 것이 대부분이다. 처음 성경을 받아들인 사람들은 문맹자들이었다. 모든 것을 '학문'으로 만들면 중요한 것을 놓치게 된다.

우리는 왜 성경을 심사숙고하면서 읽지 않는 것일까? 가장 큰 원인은 우리가 받은 교육에 있다. 12년, 14년, 혹은 18년을 학교에서 보내면 나도 모르게 심사숙고하지 않는 습관이 생긴다. 심사숙고하는 학생을 기르는 것이 학교의 목표는 아니므로, 어찌 보면 자연스러운 일이다. 우리는 학교에서 '정보'를 배운다. 읽고 암기해서 시험에 통과해야 한다. 하지만 대다수는 학교에서 심사숙고하면서 글을 읽고 귀여겨듣는 법을 배우지 않았다.

'렉시오 디비나'는 교회가 꼭 익혀야 하는 독서법이지만 이것을 사실과 데이터를 배우고 가르치듯 할 수는 없다. 정보 습득 목적이 아니라 나에게 하시는 말씀을 듣기 위해 성경을 읽으려면 훈련이 필요하다. 목회자들이 먼저 그 안으로 들어가 말씀을 맛보아야 한다. 그러려면 당장에 분주한 생활을 멈춰야 한다. 하지만 목회자들이란 세상에서 가장 바쁜 사람들이 아니던가. 늘 약속이 있고 회의실로 뛰어다닌다. 그렇게 경청할 시간이 없으니 사람들에게도 경청하는 법을 가르칠 수 없는 것이다.

사실 목사들은 남의 말을 잘 듣지 않는다. 말하고 가르치고 답을 주는 데에만 익숙하다. **우리는 침묵하는 법, 떠벌리지 않는 법, 그저 가만히 벌어지는 일에 주목하는 법, 경청하는 법을 배워야 한다.** 성경에만 귀를 기울이는 것이 아니라 사람들에게도 귀를 기울여야 한다. 그들의 말과 목소리에 민감하게 반응할 줄 알아야 한다. 우리는 이런 교육을 거의 받지 못했다.

기술적으로 다양한 소통 방법이 한없이 발전하는 세상이라 목회자들이 속도를 늦추고 경청하기가 더욱 힘들어졌다는 것은 나도 안다. 하지만 목사들이 아니면 누가 그런 일을 한단 말인가? 우리는 바로 그런 일을 하라고 부름받은 것이 아닌가? 직업적인 관점에서 말하자면, 우리는 기도하고 성경을 숙고하며 말씀을 들으라고 이 사회에서 공식 임명을 받은 자들이다. 더군다나 우리는 성경을 중시하는 기독교 문화 안에서 살아간다. 그러므로 목회자들은 더욱 진지하게 언어를 대하는 법을 배워야 한다. 말씀을 단지 정보나 교리 혹은 규범으로만 여겨서는 안 된다. 우리가 이 일을 하지 않으면 누가 하겠는가?

내가 이렇게 말하면 일자리를 잃게 된다고 항변하는 사람들도 있다. 그 말이 맞을지도 모른다. 나는 우리 교회가 개척할 당시에 부임했다. 대다수의 교인들은 나 외에 아는 목사가 없었다. 교인들은 내 목회 방식에 익숙해졌다. 10년쯤 지나자 우리 교회가 아니면 미국의 어느 교회에서도 일하지 못할 것 같다는 생각이 들었다. 좀 더 생각하고 느긋하게 살아가는 나의 사역 방식을 참아줄 만한 교인들은 그리 쉽게 찾을 수 있는 것이 아니다.

경청하기 위해 삶의 속도를 일부러 늦춘 목회자들이 내 주위에는 상당히 많다. 그들은 신중하게 그런 삶을 선택했다. 얼마 전 내 친구는 오라는 교회가 없는데도 800명 규모의 교회에서 사임했다. 그는 앞으로 100명 미만의 교회가 아니면 목회할 생각이 없다. 이런 삶을 선택하는 목사들이 있지만 그런 소식은 잘 알려지지 않는다.

교회가 작아야만 경청하는 삶이 가능하다는 말은 아니다. 교회의 규모에 상관없이 말씀에 귀를 기울일 수는 있겠지만 먼저는 목회자가 그렇게 하고 싶어 해야 한다. 그리고 반드시 시간을 내야 한다.

목회자가 성경을 숙고하면서 경청하기 시작하면 아무래도 설교는 조금 더 대화식으로 바뀌고 세련미는 떨어질 것이다. 리젠트 대학에서 마지막으로 했던 강의에서 젊은 여학생이 짜증스러운 얼굴로 나를 찾아왔다. "피터슨 박사님, 수업하실 때 20초 동안 아무 말씀도 하지 않았던 게 세 번이나 됩니다. 어떻게 아느냐고요? 시간을 재봤으니까요. 저는 홍콩 사람입니다. 홍콩에서 교수들은 숨 쉴 틈도 없이 강의합니다. 저는 학비를 허비하고 싶지 않습니다."

우리는 그런 사람들을 만난다. 그들은 세련되고 실력 있는 가르침을 원한다. 하지만 나는 최선을 다해 말린다. 나는 설교할 때 필기하는 교우들을 보면 설교를 멈추고 말한다. "필기하지 마세요. 들으세요. 하나님의 말씀에 귀를 기울이세요. **말씀은 파헤치는 게 아닙니다. 말씀은 응답하는 것입니다.**" 이런 사고의 변화는 천천히 일어나는 반면 목회자들은 인내심이 부족하다. 하지만 우리는 반드시 배워야 한다. '렉시오 디비나'는 매우 유익한 훈련이다.

올바른 교리는 어떻게 가르칠 것이냐는 질문도 나올 것이다. 엄격하게 분석하면서 연구하지 않고 '렉시오 디비나' 독서를 하면서 대화한다면 교인들이 성경을 잘못 다룰 수도 있지 않을까? 물론 오해는 불가피하다. 언어를 사용하면 필연적으로 오해가 생긴다. 남편과 부인이 서로를 오해하는 것은 문법을 잘못 사용해서 생긴 문제가 아니다.

하지만 우리가 성경을 귀하게 여기는 공동체라면 크게 걱정할 필요가 없다. 성령은 공동체를 통해 역사하신다. 누군가는 어리석고 잘못된 생각을 할 것이다. 괜찮다. 목회자들은 자신이 신학 경찰이 아님을 잊지 말아야 한다. 신조와 고백과 전통은 명백한 오류를 보여주기 위해 존재한다. 우리에게는 그런 자원이 있기 때문에 걱정할 필요가 없다. 마음을 열고 성경을 읽으면 하나님이 말씀하실 것이다.

5장

갈등을 피하지 마라

갈등에 담긴 은혜와 진실

고든 맥도날드

우리 가족 스크랩북에는 오래전, 딸의 절친한 친구 신디가 쓴 쪽
지가 들어 있다. 여덟 살 또래의 두 아이는 매일 아침 같이 걸어
서 등교하고 틈만 나면 서로의 집에서 같이 자고 저녁이면 같이
숙제를 할 정도로 서로 붙어 있지 않으면 못 배기는 사이였다.
그랬던 시절에 신디가 보낸 쪽지였다.

　어느 날 두 아이의 우정은 사소한 일로 위기를 맞았다. 등굣
길에 신디가 천천히 걸어오자 딸은 참지 못하고 신디를 '느림보'
라고 놀린 것이다. 경솔하고 나쁜 말이었다. 신디가 얼마나 마음
이 상했을지는 아무도 모를 것이다. 어쨌든 둘 사이에는 미움이
싹텄다. 그날 저녁 두 아이는 숙제를 같이 하지 않았다. 같이 자

기로 했던 약속은 취소되었다. 이튿날 아침 두 아이는 각자 다른 길로 등교했다.

하루가 지난 뒤 신디의 쪽지가 배달되었다. 수신자는 딸이었다. "네가 날 느림보라고 불러서 화 나. 너, 더 이상 내 친구 아니야. 신디가." 신디는 문제, 기분, 절교… 이 모든 뜻을 두 문장으로 분명하게 전달했다. 이보다 더 명료한 글이 있을까?

절교는 기껏 하루 더 지속되었다. 두 아이는 친구의 빈자리를 느끼자 서로 사과하고(한 아이는 늦게 걸은 것을, 한 아이는 '느림보'라고 놀린 것을) 우정을 이어갔다. 두 아이는 곧 아무 일 없었다는 듯 사이좋게 지냈다.

하지만 달라진 점이 있었다. 한 아이는 나쁜 말로 친구의 감정을 해치지 않게 말조심을 해야 한다는 것을 배웠다. 한 아이는 화가 난 상황에서 과민 반응을 하지 말아야 한다는 것을 배웠다. 값진 교훈이었다. 잘 기억해두면 앞으로 있을 여러 가지 불가피한 다툼에서도 우정을 넉넉히 지킬 수 있는 깨달음이었다.

두 아이를 보면서, 교회에서 민감한 사안들이 생길 때마다 우리 역시 분명하고 신속하고 깨끗하게 처리할 수 있다면 얼마나 좋을까 하는 마음이 들었다. 이런 소원은 곧 나를 향한 바람이기도 했다. 나는 사람 사이의 갈등에 대해서는 젬병이었다.

갈등은 피하는 게 상책?

어렸을 적, 나는 다투는 게 질색이었다. 부모님이 싸우면 화해시

켜야 한다는 부담감을 많이 느꼈다. 하지만 한 번도 중재에 성공한 적은 없었다. 부모님이 자주 다투는 복잡하고 모호한 문제에 대해 아는 바가 없었기 때문이었다. 부모님과 다툴 때는 (내가 보기에) 내 이야기를 들어주지도, 내 말을 믿어주지도 않아서 두렵기도 하고 굴욕감과 무력감도 컸다. 무슨 문제든 어른과 다투면 나는 늘 패자가 되었다.

그래서 청소년 시절에는 갈등은 피하는 게 상책이란 생각을 했다. 어떻게 피했을까? 한없이 친절하고 쾌활한 태도를 유지하면서 상대의 기분을 상하게 하거나 갈등의 소지가 될 말은 아예 삼가고, 반대에 부딪히면 군소리 없이 물러났다. 다툼이 불가피할 경우에는 곧장 백기를 들고 나와 끝까지 평화를 지켰다. 논쟁을 좋아할 것 같은 사람은 되도록 멀리하고 가까이하지 않았다.

나는 그게 그리스도인의 자세라고 확신했고 예수님의 제자라면 마땅히 평화와 사랑을 추구해야 한다고 믿었다. 그래서 내가 이런저런 문제에 대해 격한 감정을 가지고 있더라도 아무도 눈치채지 못했다. 나를 상대하는 사람들은 그럴 때마다 내가 아픔이나 분노를 느낀다는 것을, 위축된다는 것을 알지 못했다. 그들은 나를 마냥 온순한 사람이라고 여겼다.

나는 결과를 따지지 않고 자기 생각을 거침없이 말하는 사람들이 부러웠다. 나도 내 감정을 솔직히 표현하고 고집을 부릴 줄 아는 사람이 되고 싶었다. 하지만 그렇게 할 수 없었던 나는 생각과 감정을 드러내는 법이 드물었다.

어른이 되자, 결혼생활을 건강하게 이끌고 리더십을 발휘하고 싶다면 그저 갈등을 피하는 것만이 능사가 아님을 깨달았다. 이렇게 살다가는 평생 내세울 것 하나 없는, 천박하고 피상적인 사람으로 인생을 마칠지도 모르는 일이었다. 이것은 다툼을 무서워하는 사람에게 임하는 저주다.

갈등이 내 삶을 갉아먹기 시작할 때

이런 단점을 그냥 두고만 볼 수 없었던 계기가 두 번 있었다.

첫 번째는 결혼 전에 아내 게일을 만났을 때였다. 게일의 튼튼한 영혼과 정신은 매력적이었다. 같이 있으면 배울 점이 많아서 즐거웠다. 나는 게일을 사랑했다. 게일은 내 꿈을 인정해주고 더 큰 꿈을 꾸게 했다. 우리가 꿈꾸는 미래를 위해서는 서로 상대가 필요했기 때문에 나는 게일과 결혼하고 싶었다.

하지만 나에게는 문제가 있었다. 평생 갈등을 피하기만 해서는 게일 같은 사람과 친해질 수 없고 내가 바라는 관계로 발전할 수도 없을 것 같았다. 활기찬 지성과 영성의 소유자와 결혼하고 싶다면 관점과 우선순위의 다름에서 오는 충돌과 갈등의 문제를 분명히 해결해야만 했다.

적지 않은 사건들을 통해 나는 게일이 나보다 더 똑똑하고 현명하다는 사실을 어느 정도 알고 있었다. 이것은 종종 내 뜻을 포기하고 게일의 뜻을 따라야 한다는 의미이기도 했다. 어떤 일에서 게일은 나를 비판하기도 할 것이고, 의견과 판단이 다르면 서로 충돌할 일도 얼마든지 있을 터였다. 게일과 나를 모두 아는 한 친구는 내가 이런 문제로 씨름하고 있음을 알아차리고 결혼식을 앞둔 나에게 충고했다. "하나님은 너한테 훌륭한 아내를 허락하셨어. 그분은 게일을 통해 너한테 여러 가지를 가르치실 거야. 그녀 말을 잘 들어!" 그는 다시 강조했다. "아내 말을 잘 들어! 듣기 싫은 말도 잘 들어."

무조건 갈등을 피하고만 싶은 남자에게 이것은 새로운 도전으로 다가왔다. 아내 말을 잘 들으라는 친구의 말은, 이제는 이 문제를 피해 도망치지 말고, 눈과 귀를 가린 채 살지 말라는 뜻이었다. 내가 실수할 수 있고, 엉터리 지식을 가질 수도 있음을 인정하라는 뜻이었다. 남들의 생각(이를테면 게일의 생각)이 나보다 더 나을 때가 있다는 것을 알라는 말이었다.

물론 다른 면도 있다. 건강한 결혼생활을 하려면 나도 내 생각과 마음을 정중하고 정직하게 밝혀야 했다. 내 신념과 우려를 밝혀야 했다. 상대가 하는 말은 무엇이든 고분고분하게 듣는 내가 과연 그렇게 할 수 있을까?

두 번째 계기는 동료 사역자와 충돌했을 때였다. 둘 사이에 생긴 문제로(언급할 가치도 없고 기억도 흐릿한) 나는 울화가 치밀었다. 정작 사과를 받아야 할 사람은 나인데도 아무 말도 할 수 없었다. 진지하게 대면해야 할 일인데도 그럴 수 없었다. 문제를 드러내 해결하고 싶었지만 어린 시절에 겪었던 두려움으로 인해 뭘 어찌해야 할지를 몰랐다.

결국 어떻게 되었을까? 그 사람과 일할 때는 불쾌해서 말도 하지 않고 소극적으로 대응했다. 속에서는 울화가 치밀고 쓴 뿌리가 내 영혼에 자리를 잡았다. 이윽고 나는 미움에 사로잡혔다.

솔직하게 대화했으면 족히 한 시간이면 해결 가능한 문제였지만 울화는 들불처럼 걷잡을 수 없이 번져서 그 상태는 몇 달이나 계속되었다. 나도 나 자신에게 정나미가 딱 떨어졌다. 그제야 비로소 잘못된 태도를 회개하고 상대의 잘못을 용서했다.

그때의 일이 어찌나 싫었던지 다시는 그런 감정에 휩싸여 내 영혼을 괴롭히지 않으리라 다짐했다. 그러고는 오랫동안 그 다짐대로 살았다.

결혼생활에서 갈등을 피할 수는 없지만 또한 능숙하게 해결할 길이 있다는 것도 배웠다. 사역을 하면서는 갈등을 해결하지 않고 방치할 때 파괴적인 불씨가 된다는 것을 배웠다.

불쾌한 상황에 직면했을 때 내면 깊숙이 자리한 옛 기억을 제거하기란 쉽지 않았다. 상대의 직설적인 말에 귀를 기울여야 할 때도 그랬고, 사람들에게 솔직히 말해야 할 때도 머리에서는 어린 시절의 영상이 요란하게 재생되었다. 나는 갈등에 대한 태도 전반을 바로잡아야 했다. 내 사역이, 어쩌면 결혼생활이 걸린 문제였다.

피할 수 없다면 부딪혀서 해결하라

갈등이 불거지면 어떤 일이 생기는지 (또 어떤 일을 해야 하는지) 나는 조금씩 배웠다. 갈등을 피하지는 못해도 능숙하게 해결할 방법은 있었다. 이 문제를 좀 더 이해하기 위해 성경을 유심히 읽다가 우리도 서두에서 말한 두 아이와 비슷한 상황에 처하는 경우가 많다는 것을 알고는 깜짝 놀랐다.

아담은 갈등을 피할 요량으로 자신의 문제를 하와 탓으로 돌렸다. 아브라함과 롯은 하인들 사이에 분쟁이 일어나 합작 사업을 분할해야만 했다. 야곱과 에서는 동생 야곱이 마을을 급히 떠나야 할 정도로 형제 사이의 갈등과 분노가 극에 달했다. 요셉은 형들을 비난할 자격이 충분했지만 용서했다. 이스라엘 백성들은 줄곧 불만을 쏟아내며 모세를 피곤하게 했다. 그들은 이집트를 떠났지만 이집트는 그들에게서 결코 떠나지 않았던 것이다.

분노를 참지 못한 사울은 다윗을 잡기 위해 광야까지 뒤쫓아왔고, 아합은 선지자 미가야에게 뿌리 깊은 반감을 드러냈으며, 느헤미야는 훼방꾼들의 방해 공작에 내내 시달렸다.

신약 성경으로 건너가면 제자들은 사소한 언쟁을 자주 벌였다. 지역 교회에는 여러 논쟁이 있었는데 특히 고린도 교회는 사분오열로 갈라져 어수선했다. 갈등의 종류는 제가끔 달랐다. 갈등으로 인해 좋지 않은 결과가 나올 때가 더 많았다(다윗과 압살롬과 같이). 실패한 제자들을 위해 손수 아침상을 차리고 기회를 다시 허락하신 예수님의 경우처럼 큰 은혜로 마무리된 사례도 있었다.

성경에서 갈등하고 다퉜던 사람들을 찾아서 정리해보니 기운이 났다. 나만 전전긍긍하는 것은 아니었다. 더 정직한 사람이 되고 싶었던 나는 멘토들을 찾았다. 내가 지도하는 교역자들과 대면하는 법을 알고 싶었다. 목회적인 돌봄이 꼭 필요한 사람을 책망하는 법도 배우고 싶었다. 아내에게 상처를 주지 않고 아내의 자존감을 훼손하지 않으면서도 내 마음을 솔직하게 전달하는 법을 터득하고 싶었다.

아울러 나에게 정직한 조언을 해주는 사람들에게 오히려 반감을 품는 내 성격을 바꾸고 싶었다. **한 교회의 영적 리더가 되려면 힘든 대화를 소화해낼 수 있는 냉철한 정신을 길러야 했다.**

교회 운영위원회 회장과 아침을 먹는 자리에서 이런 생각이 더욱 강해졌다. 나는 목사 초년생 시절, 미숙한 실수가 잦았다. 회장은 나를 자주 만나 실수를 깨우쳐주고 일을 처리하는 방법에는 여러 가지가 있음을 보여주었다. 그날 대화는 유난히 힘들었다. 회장은 내가 듣기 싫어하는 말을 꺼냈다. 나는 성숙하지 못한 방식으로 상처와 실망을 내비쳤다. 그때 그는 손으로 식탁을 치면서 이렇게 말했다. "목사님, 이건 심각한 문제입니다. 비판에 너무 민감하게 반응하지 마세요. 목사님은 개인적으로 받아들이는 게 지나치게 많습니다. 진실을 듣고서도 그것을 제대로 다루지 못한다면 목회를 오래 할 수 없습니다. 힘든 대화에 익숙해지세요. 힘들지 않은 대화는 없으니까요." 결코 잊지 못할 조언이었다.

갈등에 담긴 은혜와 위험

좋은 리더, 좋은 친구, 좋은 남편이나 아내가 되고 싶다면 삶에서 일어나는 다양한 갈등을 처리하고 관리해서 좋은 결과, 파괴적이지 않은 결과를 거두어야 한다. 나는 딸과 신디가 했던 것처럼 갈등을 해소하는 법을 배워야 했다.

내 경험에 비추어보면 갈등을 해소하는 방법은 다섯 단계를 거친다. 각 단계에 대해 간략히 살펴보자.

1. 두 가지 이상의 관점이 충돌하는 일은 인간관계를 구성하는 필수 요소임을 인정하라. 타락 전 최초의 남녀처럼("둘 다 벌거벗고 있었으나, 부끄러워하지 않았다") 사람의 마음을 정확히 이해한다면 갈등을 줄일 수 있었으리라. 하지만 우리가 인식할 수 있는 수준은 빙산의 일각에 불과하고 그 아래로는 격정의 순간에만 잠깐 표출되고 평소에는 잘 드러나지 않는 부분이 몹시 많다. 죄로 인한 영향일 것이다. 상대방을 이해하는 일에서 우리는 항상 부족함을 느낀다. 그래서 갈등이 생긴다.

2. 과거의 '문제'를 자기도 모르게 현재의 관계 속으로 끌어들이고 있음을 인식하라. 지난날의 두려움이나 상처, 수치는 현재 상황에 영향을 끼칠 공산이 크다. 그래서 나는 어떤 사람에게 짜증이나 화가 나면 기억을 더듬으면서 묻는다. 과거에 무슨 문제가 있었기에 지금까지 영향을 주는 걸까?

3. 갈등은 승패의 문제가 아님을 기억해야 한다. 모든 논쟁에서 이기고, 어떤 대화든지 자기가 주도해야 직성이 풀리는 사람들을 적잖이 만난다. 바울이 조금은 그런 사람이 아니었을까 싶다. 그는 늘 옳아야만 했을까?

4. 반대는 현안에만 국한시킨다. 자신의 위치가 약하다는 생각이 들면 상대의 방식이나 태도를 보며 트집 잡고 싶은 충동을

느낀다. 저의를 의심하고 내가 부당한 대우를 받는다고 하소연하며 다른 문제를 꺼내서 판세를 뒤집으려 한다.

5. 어른답게 사과하고 해결책을 찾아서 갈등을 종결한다. 때로는 양보하고 타협해야 한다. 때로는 상대가 옳고 내가 틀렸다는 것을 인정해야 한다. 결국 내가 옳더라도 사랑을 위해서는 자기 권리를 양보하고 상대의 뜻에 따르는 게 더 나을 때가 있다.

갈등을 건강하게 풀려면 마땅히 더 나은 아이디어나 개인적인 통찰을 구하고 효과적인 해결 방법을 적극 찾아보아야 한다. 비판이나 다툼, 오해가 생길 때 상대방도 서로에게 유익한 길을 찾고 있다고 생각하면 관대하게 대할 수 있다.

과부들을 위한 기금 운용 문제를 놓고 초대교회를 뒤흔들었던 갈등은 이에 대한 훌륭한 연구 사례다. 여기에는 건설적인 갈등 해결책이 나온다. 일부 그리스도인(헬라파 그리스도인)들은 유대파 그리스도인들에게 차별을 받고 있다고 주장했다. 유대인들은 자신을 방어하지 않는 현명한 태도로 의논을 거친 끝에 모두가 찬성한 계획을 내놓았다. 결과는 어떻게 되었을까? 그들은 리더십의 개념을 다시 정의하고 리더들을 교체했다(행 6:1-6 참고). 모두 서로 존중하는 마음을 회복했고 교회는 성장을 이어갔다.

내가 갈등을 겪으며 몹시 힘들게 배웠던 교훈이 있다면, 갈등 중에 나를 가장 힘들게 했던 사람들이 내놓은 의견에 어쩌면 진실의 핵심이 있을지도 모른다는 사실이었다.

나에 대한 가장 중요한 통찰 중 일부는 친구들이 아니라 비판자들에게서 왔다는 것도 세월이 한참 흐른 뒤에야 깨달았다. 비판자들은 거칠게는 굴었지만, 아무도 용기를 내어 말해주지 않았던 나의 맹점과 결함을 제대로 지적해줬다.

지금껏 갈등에 대해 여러 이야기를 했는데 아직 한 가지가 더 남아 있다. 갈등에는 위험이 내재되어 있다. 두루 다니며 삼킬 자를 찾고 있는 우리의 원수는 갈등을 부추겨서 착한 사람들을 이간질하고 선한 일을 성취하지 못하도록 흩어버리는 짓을 무척 좋아한다.

사도행전 15장에서 젊은 요한 마가에게 재기의 기회를 주는 문제를 놓고 바울과 바나바가 다툰 이야기를 읽으면서 나는 늘 슬픔에 잠긴다. 바나바는 다시 기회를 주자는 쪽이었고 바울은 마가에게 그럴 자격이 없다고 맞섰다. 입장 차이를 극복하지 못한 두 남자는 서로 갈라섰고 바나바는 역사에서 자취를 감췄다. 우정과 열정으로 똘똘 뭉쳤던 두 사람이 어떻게 이렇게 되었을까? 갈등을 방치하면 결국 인간관계는 파괴된다는 사실을 환기시키는 사건이다.

우리 부부는 폴 리스와 이디스 리스 부부와 오랜 우정을 나누어왔다. 두 사람은 아흔 살이 넘게 함께 살다가 주님의 품으로 돌아갔다. 리스 박사는 미니애폴리스에서 30년 넘게 목회를 잘 감당했고 전 세계에서 월드비전 활동을 펼쳤다.

그들이 아흔 살이 되던 해, 어느 날 우리 네 사람은 다 같이 모여 하루를 보냈다. 나는 리스 박사에게 물었다. "결혼하신 지 벌써 60년이 넘었는데 지금도 부부 싸움을 하세요?"

"아, 물론이지. 어제 아침에도 싸웠어. 이디스랑 같이 차를 탔는데 이디스가 운전을 했어. 그런데 신호등을 지키지 않아서 무서워 죽을 뻔했어."

"그래서 어떻게 하셨어요?"

"나는 이디스를 사랑하고, 힘든 말을 할 때는 어떻게 해야 하는지 알지만 그것도 조심해야 해. 이디스가 어렸을 적에 장인이 늘 말을 함부로 했거든. 그래서 남자의 노여운 음성을 들으면 이디스는 상처를 심하게 받아. 내 목소리도 마찬가지야."

"하지만 박사님, 사모님은 아흔 살이에요. 어릴 적 들었던 기분 나쁜 목소리를 여태 기억한다는 말씀이세요?"

"그럼, 이디스는 그 목소리를 생생하게 기억해."

"그래서 어제는 어떻게 하셨어요?"

"아, 그냥 '여보, 오후에 낮잠 자고 나서 의논할 게 있어'라고 말하고 낮잠을 잔 뒤에 말을 꺼냈지. 나는 차분했고 이디스는 들을 준비가 되었어. 우리는 그렇게 작은 문제를 해결했지."

갈등은 필요하고 생산적으로 해결할 수 있지만 지혜와 관용으로 대처해야 한다는 것을 배운 한 남자에게서 나온 말이다. 나도 아흔 살이 되면 리스 박사처럼 되고 싶다. 아, 그때가 되면 나도 우리 딸과 신디가 그랬던 것처럼 갈등을 잘 해결하는 사람이 될지도 모른다.

6장

주님 한 분으로 충분한 삶

하나님만 바라는 단순한 삶의 비결

마크 부캐넌

나는 '지름교'라는 사이비 종교의 일원이다. 누구나 쉽게 이 사이비 종교에 빠진다. 선택해서가 아니라 거절하지 않기 때문에 자연스럽게 지름교인이 되고 만다. 소비 지상주의의 종교적 버전이 여기서 말하는 지름교다.

　이 안에서는 자체적으로 쓰는 거룩한 용어들이 있다. 더 많이, 당신은 소중하니까, 새로운, 더 빠른, 더 깨끗한, 더 찬란한 등등. 유서 깊은 전례도 따라다닌다. 카드 구매, 당일 대출, 후불, 3개월 무이자 등등. 그 안에는 전임 설교자, 전도자, 예언자, 사도들도 있다. 홍보전문가, 판매전문가, 연예인 후원사가 그것이다. 물론 사원, 채플, 성전, 메카도 있다. 대형 몰, 백화점, 대형마트 등등. 신용카드와 체크카드라는 성체(聖體)도 있다. 흥청망청 돈을 쓰다 보면 지름신의 황홀경도 느낄 수 있다.

지름교에 사로잡힌 사람들은 무작정 끝없이 '지르는' 재미로 산다. "'신상'의 나라가 여기 임했으니 탐하고 질러라." 지름교의 핵심 메시지다. 성화의 정도는 얼마나 저축이 부족한가로 결정된다. 소유의 풍성함을 인생의 척도로 삼는다. 다음 주말, 다음 휴가 때 뭘 사지, 뭘 경험할지가 유일한 관심사다. 이런 충동은 아주 어릴 적부터 본능이 된 탓에 마치 유전된 것처럼 보인다. 우리 대부분은 성경 읽기보다 광고 보는 것에 더 많은 시간을 보낸다. 이것이 우리 시대의 패러다임이자 세상을 보는 방식이다. 이 신화가 우리 모두를 하나로 만든다. 이와 다른 세상이 어떻게 가능하겠는가?

하지만 그리스도인에게 이것은 큰 문제다. 윤리적이고 영적이며 신학적인 문제다. 물론 실제적인 문제이기도 하다. 예수님은 초인적인 인내로 많은 것들을 참아내셨지만 성전이 장터로 변했을 때는 완력을 쓰셨다. 귀신 들린 사람들이 소리치는 것도, 종교 지도자들이 음모를 꾸미는 것도, 머리는 둔하고 마음은 굼뜬 제자들이 스승을 가르치려 드는 것도 다 참으셨다. 하지만 환전상과 싸구려 성물을 파는 상인들을 만났을 때 예수님의 야성은 가만있지 않으셨다. 예수님은 우리가 말귀를 알아듣지 못할까 봐 평범한 말로 알아듣기 쉽게 지름교를 반대하셨다.

아무도 두 주인을 섬기지 못한다. 한쪽을 미워하고 다른 쪽을 사랑하거나, 한쪽을 중히 여기고 다른 쪽을 업신여길 것이다. 너희는 하나님과 재물을 아울러 섬길 수 없다. 그러므로 내가 너희에게 말한다. 목숨을 부지하려고 무엇을 먹을까 또는 무엇을 마실까 걱정하지 말고, 몸을 감싸려고 무엇을 입을까 걱정하지 말아라. 목숨이 음식보다 소중하지 아니하냐? 몸이 옷보다 소중하지 아니하냐? … 이모든 것은 모두 이방사람들이 구하는 것이요, 너희의 하늘 아버지께서는, 이 모든 것이 너희에게 필요하다는 것을 아신다(마 6:24-25, 32).

바울 역시 지름교에 대해 할 말이 있었다.

그러나 부자가 되기를 원하는 사람은, 유혹과 올무와 여러 가지 어리석고도 해로운 욕심에 떨어집니다. 이런 것들은 사람을 파멸과 멸망에 빠뜨립니다. 돈을 사랑하는 것이 모든 악의 뿌리입니다. 돈을 좇다가, 믿음에서 떠나 헤매기도 하고, 많은 고통을 겪기도 한 사람이 더러 있습니다(딤전 6:9-10).

우리에게 익숙한 말씀들이지만, 그러한 익숙함이 큰 도움이 되는 것은 아니다. 지름교는 크고 강하고 조직적이며 일사불란하게 움직인다. 장악력이 워낙 강해서 우리의 선한 의도를 대부분 제압해버린다. 심지어 단순한 삶도 그 앞에서는 맥을 못 춘다. 지름교는 어떤 것이든 포장하고 팔아서 이익을 챙길 수 있다. 적군을 아군으로 포섭하고, 반대 구호조차 자기들에게 유리하게 둔갑시킨다. 가령 이런 식이다. 1990년대 후반에는 자동차에서 의류, 시디플레이어까지 모든 광고가 '소비 지상주의'에 반대하면서 커져가는 분노에 편승했다. 노동과 쇼핑에 갇힌 인공적인 세상에서 탈출할 수 있는 마법적인 수단이 바로 '4만 달러짜리 SUV 자동차'라는 식이었다. 어떤 모순적인 낌새를 보이지 않으면서도 이 광고들은 자기 잇속을 잘 챙겼다.

불만이 심기다

나는 지금 구입한 지 1년이 조금 넘은 컴퓨터로 이 글을 쓰고 있다. 당시 일반 소비자가 구할 수 있었던 컴퓨터 중에서 최신이면서 고성능을 자랑하던 기기였다. 1년 몇 개월이 지난 지금은 느리고 빽빽해서 최신 소프트웨어를 쓸 수 없는(업계 기준에 따르면) 컴퓨터가 되었다.

　　매주 대형 가전마트에서는 더 강력하고 속도도 빠르며 모니터나 메모리 용량도 큰, 최신형 컴퓨터를 소개하는 광고지를 보내온다. 게다가 내가 얼마 전에 구입한 가격보다 훨씬 싸다. 이런 게 다 거슬린다. 마치 사기를 당한 기분이다. 그에 비하면 내 컴퓨터는 고물 같다. 업그레이드를 할까? 신형으로 바꿀까? 슬슬 고민이 시작된다.

　　하지만 사실 내 앞에 있는 이 컴퓨터로도 못하는 게 없다. 자판을 누르면 글자가 바로 뜨고, 단축키를 누르거나 마우스를 클릭하면 금방 작동하며 오려 붙이기, 지우기나 복사하기, 맞춤법과 문법 확인, 사진 보정 같은 온갖 작업도 손쉽게 할 수 있다. 글꼴과 사진도 많다. 그래도 성에 안 차면 인터넷을 뒤져보면 된다.

일을 하는 동시에 음악을 들을 수도 있고, 컴퓨터로 전화도 받는다. 뉴욕 공공도서관 문헌 목록을 찾아 읽기도 하고 의자에 앉아 온갖 물건을 주문하고 배달을 시킨다. 심지어 내 컴퓨터는 말도 한다. 귀여운 듯 조금은 매력적인 여자 목소리다. 말투가 사무적이지 않고, 지나치게 친밀하지도 않으며 딱 적당하다. 컴퓨터에는 마이크로폰이 있는데 사용법만 알면 음성 지시가 가능하다. 사실 지금 쓰는 이 컴퓨터에도 나한테 불필요한 기능이 많다. 한 번도 쓰지 않을 기능도 있다. 미궁 같은 운영 체제는 내게 있어 기괴하면서 이국적인 중간계요 '미지의 땅'이다.

하지만 매주 날아오는 전단지를 본 후에는 이 컴퓨터에 대해 불만이 생긴다. 앞에서 말했듯이 나는 지름교인이다. 지름교는 약속하는 게 정말 많다. 광고를 생각해보라. 이 자동차를 사면, 이곳으로 여행을 가면, 이 옷을 사면, 이 세제를 쓰면 행복이 흘러넘친다! 모든 것이 다 당신 차지가 된다!

가장 이상했던 광고는 쿨에이드 광고였다. 화창한 여름날, 아이들이 부루퉁한 얼굴로 바닥에 주저앉아 있다. 심심해서 못 견디겠다는 표정이다. 자살할 사람처럼 절망에 빠져 있다. 그때 엄마가 물방울이 맺힌 둥근 피처에 쿨에이드를 담아 나타난다. 루비처럼 붉은 음료는 얼음으로 출렁인다. 아이들은 열광한다. 펄쩍 뛰고 박수치고 환호하며 달려가서 쿨에이드를 벌컥벌컥 마신다. 이거야, 이게 바로 인생이지! 소비자들은 순간의 기쁨이 영원히 지속되리라는 인상을 받는다. 쿨에이드 한 잔을 마시면 구원을 받고 인생의 목적과 희망이 회복될 것 같다. 우리 아이들도 쿨에이드를 좋아한다. 하지만 그 정도로 열광하진 않는다.

단순한 삶의 본질

나는 이런 지름신을 무시하고 여기서 떠나는 훈련을 하고 있다. 가장 좋은 길은 지름교를 대체할 만한 영적 생활 방식을 개발하는 것이다. 그래서 나는 단순한 삶을 실천한다.

지난여름에 헛간을 하나 지었다. 삽과 갈퀴, 비료살포기, 잔디 깎는 기계, 호스, 스프링클 같은 정원 기구들을 벽에 기대어 놓았더니 너무 빨리 녹이 슬고 낡아버렸다. 게다가 누가 훔쳐 가는지 가스통이 계속 사라졌다. 그래서 헛간을 짓기로 했다. 시내에 있는 목재상에 가보니 가장 싼 게 500달러였다. 너무 비쌌다. 하지만 어떤 가게에 가니 큼직한 2×4인치 삼나무 목재 세트가 저렴하게 팔려나가고 있었다. 50달러로 자그마치 600피트(약 182미터) 분량을 얻을 수 있었다. 나는 그것을 사 들고 집으로 가서 헛간의 골격을 세웠다. 몇 주가 흘렀다. 한 친구는 헛간을 덮을 시트를 주겠다고 말했다.

그다음 한 달 동안은 재료를 뒤지고 다녔다. 하루는 신축 주택을 지나는데 쓰고 남은 새 지붕널 몇 다발과 타르지 한 뭉치가 공터에 있는 게 눈에 띄었다. 건축업체를 수소문해서 그것을 반값에 구입했다. 교회 창고에서는 낡은 대문과 선반용 널빤지를 찾았다. 그런 식으로 재료를 얻고 줍고 바꾸고 모으고 때웠다. 결국 멋진 헛간이 완성되었다. 대략 300달러가 들었다. 얼마 전에 전단지에서 비슷한 헛간을 봤는데 가격이 1,800달러였다.

이것은 단순한 일이 아니었다. 단순하게 산다 해서 수고가 줄어들지는 않는다. 그냥 재료를 샀으면 하루에 끝났을 일도 아주 오래 걸렸다. 단순함은 때때로 이 복잡한 일을 저 복잡한 일과 바꾸는 것이라고 생각될 정도였다. 헛간 짓기는 일이라기보다는 모험이었다. 헛간을 지으면서 유익한 이야기도 나누고 새로운 사람들도 만났다. 아내와 아이들은 내가 집에 돌아와선 "믿을 수 없어. 헛간에 쓸 단열재를 누가 주겠대!"라고 아이처럼 소리치는 모습을 구경하는 재미가 쏠쏠했다.

나는 단순하게 살면서 소소한 일의 가치에 눈을 떴다. 앞마당에 정원도 만들었다. 헛간에 쓸 재료를 모았듯이 정원에 쓸 재료들, 곧 정원을 빙 둘러쌀 돌, 흙, 나무, 꽃, 부목 따위를 전부 모았다. 땀 흘려 만든 정원에서 다채로운 꽃들의 빛깔을 보며 기쁨을 누렸다. 꽃들 사이를 날아다니는 벌들을 보니 무척 만족스러웠다. 마치 하나님의 기쁨을 표현하는 것처럼 보였다. 내가 만든 정원을 그분도 틀림없이 좋아하시리라. 돈 주고 조경업체에 일을 맡겼다면 그런 생각을 하지도 못했을 뿐 아니라, 심지어 벌들이 날아다니는지도 몰랐을 텐데.

하지만 단순하게 살기 위해 힘써 만든 정원을 버리고 황무지로 가야 할 때도 있다. 느헤미야가 그랬다. 그는 호화로운 페르시아 궁전의 정원과 수영장과 대저택을 기꺼이 버리고, 하수구에서는 악취가 나고 돌무덤이 쌓여 곧 무너질 것 같은 예루살렘으로 가서 비참한 사람들과 함께 살았다. 왜 그랬을까? 하나님이 그의 마음을 움직이셨기 때문이다(느 2:12 참조).

단순한 삶은 자칫 율법주의로 흐르기도 한다. 불안하고 우울한 금욕 생활을 고집하거나, 정반대로 은근슬쩍 영웅적인 자립정신을 자랑할 때도 있다. 그러면 지름교를 신봉하는 삶과 마찬가지로 허무해진다. 가족에게 1년 동안 TV 시청을 금지했던 남자를 만난 적이 있었는데, 가족은 아직도 그 일로 그를 원망한다. 남자에게도 끔찍한 시절이었다.

그저 어떤 일을 하지 않거나, 혹은 혼자서 해낸다고 해서 단순한 삶이 되는 것은 아니다. **단순한 삶의 본질은 포기도 분투도 아닌 경청에 있다. 하나님이 내 마음에 무엇을 두셨는가? 단순한 생활은 그것을 깨닫고 거기에 만족하는 생활이다. 더 간단히 말하면 단순한 생활은 하나님께 만족하는 생활이다.**

맘몬은 훌륭한 하인이다. 근면하고 친절하고 다재다능하다. 맘몬은 하인이기 때문에 어디서든 쓰임받고 싶어 한다. 빈자든 부자든 차별 없이 어울린다. 나는 태국에서 휴가를 보내면서 전통 비단을 사고, 코끼리를 타고, 형형색색의 열대어들 사이에서 스노클링을 하는 데 돈을 썼다. 변기와 하수구를 봉합하는 동그란 실리콘을 사는 데도 돈을 썼다. 두 경우 모두 맘몬이 도움을 줬다.

하지만 본질적으로 맘몬은 볼품없는 신이다. 부당한 요구를 하고 제멋대로이며 몰래 음모를 꾸민다. 우리에게 좀처럼 숙면을 허락하지 않는다. 그는 확실히 잔인한 존재이다. 간혹 변덕스 럽게 관대할 때도 있지만, 그런 맘몬의 선물에 오랫동안 깊이 만 족할 수 없게끔 만드는 데는 천재적인 재능을 발휘한다. 가령 우 리에게 선물을 주면서도 배은망덕("충분하지 않아"), 두려움("영원할 리 없어"), 불만족("더 가져야겠어")과 같은 쓰디쓴 뒷맛을 남기니 말 이다.

지름교의 지독한 모순은 이것이다. 겉으로 우리는 얻은 물 건들을 소중히 여기는 것 같지만 사실은 그것들을 홀대하게 된 다. 그리하여 어떤 것도 진정으로 아끼지 않으며 누리지 못한다. 그렇지 않으면 우리는 만족을 느끼고, 더 이상 자기만족을 위해 지르지 않을 것이기 때문이다. 맘몬에게 이것은 끔찍한 일이다.

또 있다. 맘몬은 하나님보다 성량이 더 크다. 맘몬이 포효하 면 하나님이 내 마음에 하시는 말씀을 듣기가 어렵다.

나는 밴쿠버 섬과 본토 브리티시 콜롬비아 주 사이에 있는 섬에서 이 글을 쓴다. 이른 아침, 나는 숲길을 거쳐 해변 오두막 집으로 돌아갔다. 푸른 바다와 발밑에서 부딪히는 자갈과 조개, 자연이 빚은 부목은 한 편의 그림 같은 작품이다. 나는 비스듬히 바다를 향해 기운 사암 위에 앉았다. 끈질긴 파도가 느슨한 돌을 파고들어 구멍과 융기를 만들어낸 사암은 파충류의 거친 허물과 비슷했고 장엄한 자태로 고요했다. 이곳은 정말 조용하다. 이곳 에서 들리는 소리는 공기와 땅과 바다와 조화를 이뤘다. 말하자 면 이곳은 경청하는 장소다.

이른 저녁, 집으로 가는 길에 나는 음성을 들었다. 가까운 곳에서 들리는 것 같았지만 아니었다. 그 음성은 저 멀리 바다 위를 미끄러지듯 날아가는 왜가리처럼 광활한 바다를 단숨에 건너왔다. 먼 거리를 날아왔지만 옆에서 말하는 것처럼 울림 하나 없이 똑똑하게 들렸다. 나는 그 음성을 빠짐없이 들었다.

단순한 삶은 침묵과 같다. 침묵하지 않으면 결코 들리지 않는 음성에 귀 기울이는 장소이다.

고맙습니다, 충분합니다

침묵이 끝나면 이렇게 말한다. 두 가지의 간단한 말이다. 하나님께 만족하고 하나님이 내 마음에 주신 것들로 만족할 수 있게 하는 말이다. 첫 번째는 "고맙습니다"이다.

몇 년 전 아프리카 우간다의 작은 도시 와이락카에 머물 때였다. 일요일 저녁이면 인근 마을의 그리스도인 백여 명이 옥수수밭 끝 양철지붕 달개집에 모여서 예배했다. 그들이 앉아 있는 모습은 좀처럼 보기 힘들었다. 앉을 데라곤 거친 나무의자밖에 없었기 때문이다. 바닥은 흙이었다. 악기는 구식이었다. 줄이 몇 개 없는 기타들도 있었다. 하지만 그들은 예배했다! 열광적으로 예배하는 그들 앞에서 지옥은 꽁무니를 뺐다. 우리 중에는 진지하고 절도 있고 짧게 예배하는 것을 좋아하는 깐깐한 백인 남자가 있었는데 그런 사람도 가만히 있지를 못했다. 그는 뛰고 손뼉 치고 할렐루야를 외쳤다.

어느 일요일 저녁, 목사는 교인들에게 혹시 간증하고 싶은 사람이 있느냐고 물었다. 키가 크고 날씬한 여자가 앞으로 나갔다. 평범한 얼굴이었지만 아름다웠다.

"아, 형제자매 여러분, 저는 예수님을 정말 사랑해요."

"말해주세요, 자매님! 말해주세요!" 교인들이 외쳤다.

"아, 저는 예수님을 정말 사랑해요. 예수님이 얼마나 좋은 분이란 걸 어디서부터 말해야 할지 모르겠어요."

"그것부터 말하세요, 자매님! 바로 그것부터 말하세요!"

"아, 그분은 정말 좋은 분이에요. 저는 주님을 늘 찬양해요. 신발이 필요해서 주님께 석 달을 기도했어요. 그런데 보세요!" 그녀는 교인들이 볼 수 있게 한쪽 다리를 들었다. 아주 평범한 신발이 그녀의 발을 감싸고 있었다. "주님이 신발을 주셨어요. 할렐루야, 그분은 정말 좋은 분이에요." 우간다 그리스도인들은 손뼉을 치면서 "할렐루야" 하고 크게 외쳤다.

나는 가만히 앉아 있었다. 당황스러웠다. 창피했다. 쥐구멍이 있으면 숨고 싶었다. 나는 지금껏 신발이 갖고 싶어서 기도해 본 적이 없었다. 수없이 새 신발을 사 신었지만 그것 때문에 하나님께 감사했던 적은 한 번도 없었다.

나중에 생각을 정리하면서 성경을 펼쳐서 감사에 대한 구절들을 찾아보았다. **감사하는 것과 그리스도 예수의 능력과 임재를 경험하는 것은 서로 밀접한 관계가 있었다. 우리는 감사할수록 하나님의 은혜와 임재를 더욱 경험한다.**

나는 데살로니가전서 5장 18절을 다시 읽었다. "모든 일에 감사하십시오. 이것이 그리스도 예수 안에서 여러분에게 바라시는 하나님의 뜻입니다." 그다음 에베소서 5장 29절을 펼쳤다. "모든 일에 언제나 우리 주 예수 그리스도의 이름으로 하나님 아버지께 감사를 드리십시오."

가장 중요한 신학 개념은 성육신 교리도, 대속론도, 신정론도 아니라는 생각이 문득 들었다. 또한 전천년주의도, 타락 전 선택설도, 환난설도, 세대주의도 아니었다. 가장 중요한 신학 개념은 감사라는 사실을 깨달았다. **하나님을 안다는 것은 하나님께 감사한다는 것이기 때문이다. 하나님을 예배한다는 것은 하나님께 감사한다는 것이다.** 모든 일에 하나님께 감사한다는 것은, 하나님은 완벽하게 선하고 완벽하게 의롭고 완벽하게 강한 분이심을 인정한다는 뜻이다. 하나님을 사랑하는 사람들, 하나님의 목적에 따라 부름을 받은 사람들에게는 모든 일이 어우러져 선을 이룬다. 감사하는 것은 지름교를 뒤엎는 혁명적 행동이다.

두 번째 고백은 "충분합니다"이다. 에덴동산에서 뱀이 가장 먼저 했던 일은 아담과 하와에게 어떤 결핍을 느끼게 하는 것이었다. "하나님이 정말로 너희에게, 동산 안에 있는 모든 나무의 열매를 먹지 말라고 말씀하셨느냐?"(창 3:1)

하나님은 두 사람에게 이렇게 말씀하셨다(실은 명령하셨다). "동산에 있는 모든 나무의 열매는, 네가 먹고 싶은 대로 먹어라. 그러나 선과 악을 알게 하는 나무의 열매만은 먹어서는 안 된다. 그것을 먹는 날에는, 너는 반드시 죽는다"(창 2:16-17). 예나 지금이나 뱀은 이 무진장한 자원과 은혜의 보호막을 끔찍한 결핍과 괴로운 상실, 그리고 폭군의 인색함으로 둔갑시키는 계략을 잘도 꾸민다.

우리는 뱀의 거짓말에 걸려들었다. 지금 우리가 사는 곳에는 음식, 옷, 온기, 친구, 물건 들이 차고 넘친다는 증거를 부인할 수 없는데도 우리는 늘 충분하지 않다고 느낀다.

인디언 우화에 이런 게 있다. 한 고승에게 제자가 있었는데 제자의 영적 성장에 몹시 만족한 고승은 제자에게 수련을 맡기고 여행을 떠났다. 제자는 작은 흙집에서 생활했다. 제자는 음식을 얻어먹으며 단순하게 살았다. 아침이면 수련에 정진한 뒤 허리옷을 빨아서 바깥에 걸어 말렸다. 하루는 쥐들이 허리옷을 쏠아놓았다. 제자는 마을 주민들에게 부탁해서 허리옷을 하나 얻었다. 하지만 쥐들이 그것도 물어뜯어놓았다. 그래서 제자는 고양이를 길렀다. 고양이 덕분에 쥐들은 사라졌지만 이제 음식을 구걸할 때 고양이에게 줄 우유도 같이 구걸해야 했다. "이렇게 해선 안 되겠어. 젖소를 길러야겠어." 소를 길렀더니 이제는 소가 먹을 꼴도 같이 구걸해야 했다. 제자는 움막 주위의 땅을 경작해서 곡식을 길렀다. 하지만 농사를 짓느라 수련에 정진할 시간이 부족해지자 밭에서 일할 하인들을 고용해야만 했다. 그러자 하인들을 감독하는 잡무도 함께 늘었다. 제자는 부인을 얻어 집안일을 맡겼다. 얼마 후 제자는 마을에서 가장 부유한 사람이 되었다.

고승은 지나는 길에 제자를 방문했다. 옛날에 있던 움막은 사라지고 그 자리에는 널찍한 농장이 생겨 하인 여럿이 일하고 있었으며 그 가운데에는 대궐 같은 저택이 서 있었다. 깜짝 놀란

고승은 제자에게 물었다. "이게 어떻게 된 일이냐?"

"스승님, 제 말을 믿지 못하실 겁니다. 하지만 이렇게 하지 않으면 제 허리옷이 엉망이 됩니다."

나도 이런 올무에 대해 안다. 앞서 헛간을 만드는 일을 예로 들면서 단순한 생활에 대해 이야기한 바 있다. 내가 왜 헛간을 만들었을까? 그렇게 하지 않으면 갈퀴와 삽과 잔디 깎는 기계와 가스통이 엉망이 되기 때문이었다. 단순한 생활은 아주 미묘한 구석이 있다. 한쪽에는 뾰족한 침들을 박아놓은 함정 같은 율법주의가 있고, 다른 쪽에는 모래 늪 같은 합리주의가 있다. 얼마나 있어야 충분한 것일까? 나는 가진 것에 만족하고 산다고 생각하지만 내가 충분하다고 여기는 수준이 대다수의 사람들에게는 엄청난 사치로 다가온다.

방글라데시의 한 가난한 마을에 사는 여자가 토론토에 사는 그리스도인 가정을 방문했다. 이튿날 아침, 그녀는 주방 창문 밖으로 보이는 집들을 구경했다.

"저 집에는 누가 살아요?"

"어느 집이요?"

"바로 저기에 있는 저 집이요."

"아, 저 집. 저긴 아무도 안 살아요. 자동차를 위한 집이에요."

여인은 당황한 기색이었다. "자동차를 위한 집… 자동차를 위한 집." 그녀는 계속 되풀이해서 말했다.

그 여인이 우리 집 정원에 있는 헛간을 봤으면 뭐라고 말했을지 상상해본다. 그녀는 당황한 얼굴로 "삽을 위한 집. 잔디 깎는 기계를 위한 집"이라고 되풀이하며 말했을 것이다.

우리는 차고 넘치는 '과잉'이라는 문화에서 살고 있다. 허리
옷 하나를 지키기 위해 다른 것들을 무한정 쌓아두는 문화다. **이
런 문화를 깨뜨리려면 관점과 생활을 의도적으로 바꾸는 수밖에 다
른 도리가 없다. 우리에게는 자족하는 마음이 필요하다.** 사람들이
자주 인용하는 G. K. 체스터턴의 말이 있다. "넉넉하게 살기 위
한 두 가지 방법이 있다. 하나는 더 많은 것을 쌓아가는 것이고,
다른 하나는 더 적은 것을 필요로 하는 것이다."

자족하는 마음은 사실 영적인 방향성을 의미하는데, 신뢰와
만족, 감사가 그 특징이다. 불만을 합리화하지 않고 "충분해. 우
리 집은 충분히 커. 내 차는 아직 새 거야. 나는 가진 게 넉넉해.
먹을 만큼 먹었어. 가질 만큼 가졌어. 이만하면 됐어"라고 말하
는 것이다.

우리가 자족의 영성을 가지고 살면 자신이 충분히 넉넉하다
는 것을 알 때가 온다.

지름교를 무시하라

이렇게 감사와 자족으로 사는 어떤 부인을 알고 있다. 그녀의 이
름은 헬렌이고 내가 목회하는 교회의 교인이다. 헬렌은 내가 본
받고 싶은 사람이다. 부인은 지름교와 전혀 관계없이 살아간다.
심지어 헬렌은 지름교에 저항하지도 않는다. 철저히 무시하며
살아간다.

헬렌의 과거를 알면 그녀가 가난을 두려워하고 자족과 감사의 삶을 살지 못하더라도 충분히 이해가 갔을 것이다. 헬렌은 러시아에서 스탈린의 숙청과 기아 정책이 맹위를 떨치던 때에 자랐고, 독일계였던 헬렌의 가족은 그로 인해 극심한 고통을 겪었다. 아직 십 대 초반이었을 때 헬렌은 같은 마을의 소녀 다섯과 함께 독일로 도망쳤다. 여정은 험난했다. 뒤엉킨 철조망을 통과하고 동토와 진창을 가로질렀다. 그들은 거의 모든 것을 두고 떠났다. 두 아이는 여행길에 병을 얻어 목숨을 잃기도 했다. 나머지 아이들도 아사 직전까지 갔다. 사람들과 찍은 사진을 보면 체구는 앙상하고 눈빛에는 반항과 슬픔과 두려움이 가득했다. 옷은 해지고 누추했다.

헬렌의 부모와 동기들도 뒤따라 독일로 도망치려고 했지만, 붙잡혀 발 디딜 틈 없고 악취 나는 가축 열차에 실려서 시베리아로 끌려갔다. 부모는 그곳에서 세상을 떠났다.

헬렌은 독일에 남았다. 헬렌은 도망치면 총으로 쏴 죽이겠다고 협박하는 어떤 여자 밑에서 일했다. 헬렌은 도망치지 못했다. 또한 헬렌은 전쟁에 동원되어 도랑 파는 일을 해야만 했다. 나는 피골이 상접한 헬렌이 평범한 치마를 입고 축축한 흙더미 앞에서 여러 여자들과 함께 서 있는 사진을 보았다. 그들은 삽을 들고 있었다. 그들 뒤로 사진 끄트머리 부근에는 군인들이 있었다. 여자들은 웃고 있었다. 군인들은 웃지 않았다.

전쟁이 끝나자 헬렌은 캐나다로 건너갔다. 마침 매니토바에는 사촌이 있었다. 사촌은 부유한 부동산중개인이자 교회 장로였다. 사촌과 부인은 헬렌을 가정부로 들였다. 이제 더 이상 슬퍼할 일은 없으리라 믿었다. 잊어버리고 용서하면 슬픔의 기억은 사라지리라 믿었다. 하지만 착각이었다. 사촌은 헬렌을 상습적으로 성폭행했다. 헬렌은 캐나다로 오기 위해 사촌 부부에게 진 빚이 있었다. 영어는 아직 할 줄 몰랐다. 혼자서 두려움에 떨었던 헬렌은 저항하지 못했다. 헬렌은 임신했다. 사촌의 가족과 교회는 그런 헬렌과 아이를 내쫓았다.

헬렌은 서쪽으로 갔다. 그곳에서 헬렌은 결혼하고 소박하게 살았다. 몇 년 전 헬렌의 남편은 세상을 떠나면서 소액의 연금을 남겼다.

이처럼 헬렌은 쟁이고 숨기고 화를 내더라도 그다지 이상할 게 없는 사람이다. 그녀의 입술에서 '고맙습니다'와 '충분합니다' 라는 말이 나오지 않더라도 이해가 될 만한 사람이다. 그런데도 헬렌은 그 두 마디를 잊지 않는다. 이 두 마디가 그녀의 내면과 외면을 빚어왔다.

하루는 교회에서 기도회가 열렸다. 나는 교우들에게 하나님께 감사하고 싶은 사람이 있는지 물었다. 헬렌이 일어났다. "아, 마크 목사님, 하나님을 찬양할 일이 있어요!"

"헬렌, 말해주세요."

"일전에, 정말 아름다운 날이었어요. 세차를 하고 있었는데, 갑자기 자동차 보험 만기가 사흘이나 지났다는 사실을 알았어요. 즉시 시내로 걸어가서 새로 보험을 들었죠. 그러고는 친구에게 그 이야기를 했더니 '넌 운이 좋은 줄 알아. 나도 그랬는데 경찰에게 잡혀서 벌금 3백 달러를 냈어'라고 하지 않겠어요."

나는 그게 전부인 줄 알았다. 경찰에게 잡히지 않아서 하나님을 찬양하는 간증인 줄 알았다. 하지만 그게 아니었다.

헬렌은 이어서 말했다. "하나님은 나한테 3백 달러를 주셨어요. 저는 그렇게 생각했죠. 주님이 주셨다고. 그래서 물었죠. '주님, 이 3백 달러를 어디에 쓸까요?' 주님이 말씀하셨어요. '교회에 헌금하렴.' 그래서 오늘 교회에 3백 달러를 헌금하며 하나님을 찬양합니다."

또 이런 일도 있었다. 언젠가 교회에서는 공동의회를 열었다. 그날 저녁 가장 중요한 안건은 청소년 사역 담당 목사 청빙이었다. 꼭 필요한 사역이었지만 예산이 부족해서 반대하는 사람이 많았다.

헬렌이 일어났다. 헬렌은 일흔세 살이다. 헬렌의 딸(사촌에게서 낳은 딸)은 중년이다. 손자손녀 넷은 다른 도시에서 산다. 헬렌은 수양딸 둘이 있고 수양딸은 각각 아이들이 있다. 그들 역시 다른 곳에서 산다. 그러므로 헬렌이 교회의 청소년 사역에 딱히 관심을 가질 이유는 없었다.

"러시아에서 자랄 때 피아노를 꼭 가지고 싶었어요. 하지만 그럴 형편이 안 되었어요. 결혼 후 집에 피아노가 있었지만 배울 기회가 없었어요. 마침내 지난달에 매달 60달러를 내고 어릴 적 꿈이었던 피아노를 배우기로 했어요. 피아노 학원에 등록했죠." 헬렌은 말을 멈췄다. 목소리가 갈라졌다. 헬렌은 천천히 조용히 말했다. "하지만 오늘 저녁에 저는 제가 피아노를 배우는 것보다 우리 청소년들이 훨씬 더 중요하다는 것을 알았어요. 저는 청소년들을 사랑하고 그들이 예수님에 대해 배웠으면 좋겠어요. 그래서 매달 피아노를 배울 돈을 청소년 담당 목사님 사례비로 헌금하겠습니다."

헬렌의 말은 모든 것을 바꾸었다. 교회는 만장일치로 청소년 담당 목사 청빙을 결정했다. 자족하고 끊임없이 감사하며 지름교에 돈을 가져다주지 않는 한 사람이 이루어낸 일이었다.

하나님이냐, 돈이냐

돈과 물건은 자유를 주지 못한다. 자유는 오히려 정반대 방향에 있다. 돈을 사랑하지 않고 물질 앞에 조아리지 않으며 배은망덕한 지름교를 사랑하지 않아야 자유를 누릴 수 있다. 의지력만으로는 자유롭게 살 수 없다. 나는 앞서 맘몬을 물리치고 지름교에서 나와야 한다고 말했다. 하지만 그것만으로는 아무것도 하지 못한다. 맘몬을 물리치고 나서 어쩌란 말인가? 지름의 유혹을 거절하고 나서 무얼 하란 말인가?

답은 하나님이다.

우리는 하나님 존전에서 충만하고 기쁘게 살아야 한다. 소비 지상주의는 우리를 하나님의 존전에서 떼어내는 것을 최대 목표로 삼는다. 소비 지상주의는 우리를 늘 잘못된 곳으로 안내한다. 천지를 창조하고 산을 만들고 바다를 모으며, 죽은 자를 살리고 모태에서 나를 만들고 당신의 수명을 정하시는 분, 또한 나의 생각을 알고 이름을 알며 "내 것이 모두 네 것이다"라고 말씀하시는 하나님으로도 충분하지 않단 말인가?

내가 정말 묻고 싶은 것이 있다. 주방을 리모델링하지 않으면, 더 좋은 차를 사지 않으면, 유럽 여행을 가지 않으면 불행한가? 행복하지 않은가? 지름교는 꼭 그렇게 생각하도록 만든다.

하나님은 신실하신 분인가? 그게 중요하다. 신실하신 분이 아니라면 "내일 죽을 것이니, 오늘은 먹고 마시자"(사 22:13, 고전 15:32)고 해도 별로 이상하지 않다. 하지만 우리가 섬기는 하나님이 참 하나님이라면, 볼품없고 너저분하며 배은망덕한 맘몬 같은 탐욕스러운 신과 그의 비참한 사이비 종교를 따르기 위해 참 하나님을 버린다는 것이 얼마나 자기 자신을 비참하게 만드는 일인지 잘 생각해보라.

몇 년 전 소설가 조이스 캐롤 오츠(Joyce Carol Oates)는 《쓰라리니까, 내 심장이니까》(Because It Is Bitter, and Because It Is My Heart)를 썼다. 제목은 자기 심장을 파먹는 야수에 관한 스티븐 크레인(Stephen Crane)의 시에서 따왔다. 왜 자기 심장을 먹느냐는 물음에 대한 야수의 대답이다. 소설에는 1950년대 미국 중산층의 흑인 소년과 백인 소녀가 등장한다. 그들은 사랑에 빠지지만 세상은 그들의 사랑을 인정하지 않는다. 그들이 선택할 수 있는 것은 철저한 고립이다. 그들에게 허락된 자유로 할 수 있는 일은 자신을 괴롭히는 것뿐이었다. 스스로를 훼손하고 굴욕을 주고 고소하고 처벌하는 것. 그들은 인생에 주어진 약속을 그런 식으로 파괴한다.

지름교가 허락하는 자유는 오직 자신을 괴롭히는 것에 쓰인다. 쓰라리니까. 내 심장이니까. 맘몬은 굳이 우리를 해칠 필요가 없다. 맘몬을 숭배하면 우리는 스스로를 파먹을 테니까. 하지만 우리는 충분히 다른 선택을 할 수 있다. 맘몬 숭배가 어리석고 당혹스러운 비극인 이유다.

"돈을 위해서 살지 말고 지금 가지고 있는 것으로 만족하십시오. 주님께서는 '나는 결코 너희를 떠나지도 않겠고 버리지도 않겠다' 하고 말씀하셨습니다"(히 13:5, 공동번역).

이 약속만으로도 우리는 넉넉히 감사할 수 있다.

7장

마음이 무너져 내릴 때,
하나님의 새 일을 기대하라

흔드시는 하나님, 세우시는 하나님

마크 부캐넌

나는 바울 같은 개종 체험을 했다.

말을 탄 것도, 하늘의 음성을 들은 것도, 실명을 한 것도, 피를 흘린 것도 아니었다. 하지만 극적이었다. 내 눈에서 비늘 같은 게 떨어졌다. 나는 그리스도께서 매달린 십자가의 그늘과 부활의 빛 속에 서 있었다. 그리스도는 나를 안아주고 용서하고 자신을 내어주셨다. 나는 뒤돌아서지 않았다.

벌써 25년 전 일이다. 목사로 지낸 18년 동안 지금도 마음이 설레는 사실이 있다. 곧 죄인으로 치면 가장 악하고 사도로 치면 가장 미천한 나 같은 사람을 하나님이 택하셔서 왕과 이방인과 주부와 치과의사와 배관공과 학생 들 앞에서 하나님의 이름을 전하는 도구로 삼아주셨다는 것이다.

내가 처음 출석한 교회는 시 외곽 분위기에 신학은 보수적인 중형 침례교회였다. 그 세계에는 익숙한 구석도 있었고 이상한 구석도 있었다. 음악은 도저히 들어주지 못할 정도였다. C. S. 루이스는 자기가 다닌 성공회 교회의 음악에 대해 "3류 가사를 4류 가락에 붙인 것"이라고 혹평했다던데 우리 교회 음악이 딱 그 수준이었다. 교리를 조목조목 따지는 설교는 지루했고 갈피를 잡기 어려운 뜻 모를 소리뿐이었다. 우리는 술 담배를 하지 않을 것이고, 또 그런 사람들과도 어울리지 않겠다는 내용의 '서약서'에 서명해야만 했다.

하지만 모두 마음에 들었다. 주입식이긴 했지만 성경을 배웠고 덕분에 교리를 자세히 설명할 수 있게 되었다. 귀를 막고 싶었던 음악조차 달콤하게 들려왔다. 무엇보다 그리스도께서 나를 위해 목숨을 내놓으시고 내 안에 살아 계시며 내가 거할 곳을 준비하신다는 진리로 내 영혼은 전율했다. 아무런 자격 없는 내가 받은 하나님의 선물이 무엇인지 더욱 깊이 깨달을 수 있었다. 나는 천국 가는 새로운 피조물이 되었다. 하나님과 원수였던 나는 성부의 은혜와 그리스도의 공로와 성령의 감화로 하나님의 자녀와 대사가 되었다.

하지만 지금 내가 목회하는 성도들을 보면서는 이런 의문이 든다. 내가 물려받은 복음, 지금 내가 전하는 복음이 너무 작아진 것은 아닐까? 한때는 듬직했던 참나무가 서 있던 자리에 이제는 그루터기만 남은 것은 아닐까? 궁금하다.

사람들의 회심은 내가 이전에 보았던 회심에 비해 급진적이지 않았다. 하나님 나라 백성의 으뜸 표지인 의에 굶주리고 갈한 모습은 마치 거식증에 걸린 듯 보기 드문 일이 되었고 제 욕심을 채우는 욕망은 어느 때보다 왕성해졌다. 가정 문제는 일반 사회와 다를 바 없는 수준이 되었다. 교인들의 수평 이동과 침체된 교회 성장은 이제 새로운 현상도 아니다. 죽음에서 부활하기 위해 그리스도의 고난에 동참하겠다는 의지는 북미 교회에서 썰물처럼 빠져나가면서 자취를 감추고 있다.

바울이 간수에게 전한 복음

복음이 처음 전해졌던 초대교회 시절로 돌아가보자. 빌립보 시의 감옥에서 쇠고랑을 찬 채 갇혀 있는 바울과 실라, 두 사람이 보인다. 둘은 피를 흘리고 있다. 매에 맞은 곳은 붉은 장미처럼 벌겋게 부어올랐고 자주색 모란 같은 짙은 멍이 들었다. 그런데 그 상황에서 두 사람은 노래를 불렀다.

이 구절을 읽을 때마다 나는 그들이 〈어찌 날 위함이온지〉(And Can It Be)를 부르고 있다고 생각해본다(당연히 그럴 리는 없었을 것이다). 아마 두 사람은 바울이 빌립보서에서 가르쳤던 내용으로 찬양했을 것이다. "여러분 안에 이 마음을 품으십시오. 그것은 곧 그리스도 예수의 마음이기도 합니다. ⋯ 오히려 자기를 비워서 종의 모습을 취하시고, 사람과 같이 되셨습니다"(빌 2:5-8).

요점은 두 사람이 노래를 불렀다는 것이다. 그사이에 복음은 혁명적인 변화를 일으키고 있었다. 하루가 끝나기 전에(사실 자정쯤에 일어난 일이므로 하루가 시작되기도 전이다) 간수가 무릎을 꿇고 부들부들 떨면서 "두 분 사도님, 내가 어떻게 해야 구원을 얻을 수 있습니까?"라고 물었으니까(행 16:30).

두 사람의 대답은 간단하고 명료해서 더욱 아름답다. "주 예수를 믿으시오. 그리하면 그대와 그대의 집안이 구원을 얻을 것입니다"(행 16:31). 25년 전에 내가 들었고 내가 믿었던 것과 같은 기쁜 소식! 복음이었다. 나는 복음을 이것보다 복잡하게 전하고 싶은 마음은 추호도 없다. 나는 항상 이처럼 깊고 간명하게 복음을 전하고 싶다. 구원은 죄 사함과 그리스도를 믿는 믿음을 통한 영생의 소망을 뜻한다.

그런데 하나님의 뜻은 이것보다 더 깊고 풍부한 것 같다. 나는 궁금하다. 간수는 '구원'이란 말을 어떻게 이해했을까? 그는 어떤 사람이 되고 싶었을까? 바울과 실라를 본 뒤에는 어떤 결핍을 느끼고 무엇을 열망했을까?

한밤에 예수님을 몰래 찾아와 중생에 관해 이야기했던 니고데모처럼, 우물가에서 예수님과 생수를 두고 이야기했던 사마리아 여인처럼 간수도 혼란스러웠을 것이다. 간수의 물음과 바울의 대답 사이에는 어쩌면 간극이 있을지도 모른다. 간수는 "어떻게 하면 이 상황에서 벗어날 수 있을까요?"라고 물었을 뿐인데 바울은 그 기회를 포착해 구원의 복음을 전했을 수도 있다.

그것도 가능한 추측이긴 하지만 내 생각은 다르다. 간수는 밤새 듣고 보고 생각했을 것이다. 바울과 실라는 "너무 기쁘고 놀라서 오히려 믿기지 않[았던]"(눅 24:41, 우리말성경) 무언가를 상징적으로 보여줬다. **그리스도의 향기. 모든 그리스도인이 세상에 전해야 하는 것. 바울과 실라는 간수에게 그리스도의 향기를 전했다.**

노래 부를 이유가 전혀 없을 때라도

이 상황에서 다음의 네 가지를 생각해보자.

첫째, 간수는 두 사람이 온갖 시련을 기쁨으로 여기는 것을 보았다. 보통 사람 같으면 욕설을 퍼붓고 비명을 질렀을 텐데 고문과 불의를 당한 뒤에도 두 사람은 기도하고 노래했다. 바울과 실라는 정당한 절차 없이 사람들 앞에서 옷이 찢기어 알몸이 드러난 채 매질을 많이 당했다. 로마인들은 이런 일에 특별한 재주가 있었다(영화 〈패션 오브 크라이스트〉의 채찍 장면을 떠올려보라). 그것은 비참한 굴욕을 주는 잔혹한 고문이었다. 평생 흉터가 남고 심한 경우 불구가 되거나 죽을 수도 있었다. 바울과 실라는 즉시 차꼬에 차여 깊숙한 감방에 갇혔다. 로마의 차꼬는 안전 조치가 아니라 또 하나의 고문 기구였다.

나라면 어떻게 했을까? 당신이라면 어떻게 했을까? 두 사람은 이렇게 했다. "한밤쯤 되어서 바울과 실라가 기도하면서 하나님을 찬양하는 노래를 부르고 있는데, 죄수들이 듣고 있었다"(행 16:25). 큰 불행을 만났을 때에도 노래하고 기도하는 이런 별난 사람들을 간수들은 평생 본 적이 없었다.

2006년, 펜실베이니아 주 랭커스터 카운티에서 한 남자가 여섯 살에서 열세 살 사이의 아미시 소녀 다섯 명을 총으로 살해하고 자신도 목숨을 끊었다. 전 세계를 충격에 몰아넣은 사건이었다. 하지만 그다음에 일어난 일은 세계를 더 큰 충격에 빠뜨렸다. 아미시 공동체 전체가 한마음으로 노래하고 기도한 것이다. 그들은 복수를 다짐하지도, 분노에 차서 고성을 지르지도 않았으며 절망으로 무너지지도 않았다. 공동체는 조용한 위엄과 깊은 평온으로 일어섰다. 공동체는 범인을 용서했다. 심지어 살인자의 가족을 위해 기금을 모으기까지 했다. 그들은 최악의 사태를 만났지만 최선으로 만들었다. 아주 별난 사람들이었다.

간수나 수감자들의 눈에도 이 둘은 아주 별나 보였을 것이다. 적어도, 하나님이 우리를 버리셨거나 벌하시는 것 같은 때라도 우리와 함께 계시고 우리를 위하시는 하나님을 믿는다는 것이 바로 '구원'을 의미한다는 사실이 분명해졌으리라. **구원이란 이 하나님을 친밀하게 알고 있기에, 노래 부를 이유가 전혀 없을 때라도 노래할 수 있다는 뜻이다.** 우리가 고통을 만날 때에도 하나님은 최악의 상황에서 최선이 될 만한 힘을 주신다.

어디에서 그런 힘을 얻을 수 있나

어느 순간 간수는 잠이 든다. 노랫소리에 긴장이 풀렸을 것이다. 하지만 큰 진동을 느끼자 화들짝 잠에서 깨어난다. 강한 지진이 감옥을 뒤흔든다. 옥문이 활짝 열리고 죄수들의 차꼬가 풀린다.

잠에서 깨어난 간수는 상황을 파악한 뒤 충직한 로마 군인이라면 마땅히 할 만한 숭고한 행동에 나서려 한다. 맞다, 자결이다. 황제의 대리인으로서 면목을 세우지 못한 군인이라면 응당 자신의 심장에 칼을 꽂아야 한다. 어떤 상황에서든 죄수가 탈옥하면 간수는 처형을 당했다.

감옥을 뒤흔든 지진은 하나님의 역사처럼 보인다. 베드로가 감옥에 갇힌 후 천사에게 이끌려 기적적으로 탈출했을 때도 지진이 일어났으며(간수들은 처형되었다) 예수님이 죽음의 감옥에서 풀려나셨을 때도 지진이 일어났다. 이번 지진도 두 사람을 구하기 위한 하나님의 역사로 여기고 뒷일은 하늘의 뜻에 맡기지 못할 이유가 있었을까?

하지만 그들은 이렇게 말했다. "당신 몸을 해치지 마시오. 우리가 다 여기 있소." 두 사람은 낯선 사람, 아니 적이나 다름없는 간수를 연민했다. 바울과 실라는 무엇 때문에 간수를 연민했을까?

그들에게도 보호 본능과 생존 본능이 있었을 텐데 어떻게 그렇게 큰 희생을 치르면서까지, 싫어할 이유만 잔뜩 있는 사람에게 관심을 보일 수 있었을까? 그런 힘은 대체 어디에서 얻는 것일까?

죄수들도 꼼짝할 수 없었다

다른 수감자들도 그랬다. 이제는 자신을 가두는 차꼬도 철창도 그 어떤 것도 없는데도 거기에 그대로 앉아 있었다. "우리가 모두 그대로 있소." 그들은 왜 도망가지 않았을까? 그들은 왜 꼼짝하지 않고 앉아 있었을까?

나는 감히 이렇게 말하고 싶다. 간수를 놀라게 했던 똑같은 이유 때문에 죄수들도 놀랐다고. 그들은 그 자리에서 얼어붙었다. 몇 시간 전이었다면 두 번 다시 생각할 것 없이 희희낙락하며 도망쳤을 죄수들이었다. 바울과 실라처럼 간수를 걱정해서 그런 게 아니라면, 적어도 바울과 실라를 지켜보면서 마음에 변화가 일어났기 때문일 것이다. 반죽음을 당한 후에 그렇게 하나님을 찬양하는 사람은 그때껏 본 적이 없었다. 어떻게 본능과 정반대로 행동할 수 있는지 궁금했다.

간수는 그날 시내에서 일어난 사건에 대해 알고 있었을 것이다. 바울과 실라가 왜 매를 맞고 체포되어 투옥되었는지를. 사실 바울과 실라는 한 노예 소녀에게 붙어 있던 귀신을 쫓아냈다는 이유로 잡혀온 것이었다.

소녀는 바울과 실라를 따라다니면서 요란하게 지지 활동까지 했다. "이 사람들은 지극히 높으신 하나님의 종들인데, 여러분에게 구원의 길을 전하고 있다"(행 16:17). 소녀의 그런 지지는 바울의 선교에 큰 도움을 줄 수도 있었다. 나름 그 지역에서 '영적인 권위'를 누렸기 때문이다. 하지만 소녀 안에는 악한 영이 있었다. 그것이 바울을 힘들게 했다. 바울은 예수님의 이름으로 그 영을 내쫓았다. 그렇게 소녀는 자유를 얻었다. 적어도 마귀의 감옥에서는 풀려났다. 반면 두 사람은 포로가 되었다.

사복음서와 사도행전에서 자주 볼 수 있듯이 천국의 능력이 나타나면 지옥은 대대적인 반격에 나선다. 소녀의 주인들은 더 이상 소녀를 이용해 돈을 벌 수 없게 되자 소란을 일으켜 관리들에게 끌고 갔다. 이 일로 큰 소요가 일어났고, 그 결과 바울과 실라는 빌립보의 감옥에 갇혔다. 원래 두 사람은 거기 그렇게 갇혀 있을 이유가 없었다. 자신들의 자유를 소녀의 자유와 맞바꾼 셈이 되었다.

하나님이 흑암의 권세를 무너뜨리셨다는 사실을 아는 사람들은 이처럼 애매한 고난 속에서도 노래할 수 있고 기뻐할 수 있으며 다른 사람을 위해 자신의 자유와 권리까지 기꺼이 포기할 수 있다.

복음의 능력

우리가 어떻게 해야 구원을 얻을 수 있을까?

예수님을 믿어야 한다. 그렇다. 예수님을 믿어야 죄를 용서받고 생명책에 이름이 기록된다. 이 같은 복음의 본질을 신학적 관습이나 일시적으로 유행하는 신학으로 희석하지 말아야 한다.

하지만 우리가 '구원받았다'고 할 때는 어떤 의미로 그 말을 사용하는지 명확히 해야 한다. **지금 여기에서, 그분이 주시는 자유와 능력으로 완전히 변화된 삶을 살게 됨으로써 다른 사람들에게도 그렇게 변화될 수 있다는 희망을 줄 수 있어야 하지 않을까?** 우리를 구원하시는 하나님의 이름으로 전해지는 복음에는 이런 뜻이 있음을 확실히 해두자.

워싱턴에서 영향력이 컸던 유대인 경제학자 아서 번스 (Arthur Burns)는 복음주의 정치인들의 모임에서 기도해달라는 부탁을 받았다. 그의 기도는 정치인들에게 충격을 안겼다. "주님, 유대인들이 그리스도 예수를 알아야 합니다. 불교도들이 그리스도 예수를 알아야 합니다. 회교도들이 그리스도 예수를 알아야 합니다." 그 뒤에 가장 충격적인 기도가 이어졌다.

"주님, 그리스도인들이 그리스도 예수를 알아야 합니다."[9]

정말 훌륭한 기도다. 나도 그렇게 기도하기 시작했다.

3부

하나님의
시간표에
맞춰 사는 법

메모리의 한계를 초과하는 많은 작업들이 계속 쏟아진다. 컴퓨터는 점점 느려지다가 이내 문제가 해결되지 않으면 갑자기 다운이 되어버린다. 저장하지 않은 작업들은 모두 날아간다. 그래서 평소에도 자주 자주 저장하고 메모리에 충분한 여유를 두는 것이 중요하다.

하나님이 세상을 지으시면서 하루를 온전히 쉬는 날로 지키라고 하신 이유는 그것이 정말 우리에게 필요하다는 것을 잘 아시기 때문이다! 심지어는 쉬라고 '명령'하실 정도다!

이 시간은 '더 많은 일을 하기 위해' 육체와 마음을 잠시 묶어두는 시간이 아니다. 남들 다 쉬니까 억지로 쉬는 시간도 아니다. 안식일은 하나님의 시간표에 나를 조율하는 시간이다. 마르셀 프루스트의 말마따나 "새로운 풍경을 찾는 게 아니라 새로운 시각을 개발하는" 시간이다. 생각의 회로가 바뀌고, 질문이 달라지는 시간이다.

3부에서는 우리와 똑같이 '안식 없이' 살았던 리더들의 자기 고백과 이들의 '회심' 이야기가 나온다. 인생에 번아웃이 오기 전에 내 삶에 마디를 만들어 주시도록 하나님께 나를 드려야 하지 않겠는가? 무엇을 '하면서' 주님을 섬기듯이, 아무것도 '안 하면서' 주님을 섬기는 길도 있다. 그들의 지혜를 들어보자.

8장

나의 번아웃 탈출기

나를 벼리는 시간은 하나님의 선물이다

고든 맥도날드

오래전에 아내 게일과 함께 스위스 알프스의 높은 초원에서 하이킹을 하던 때였다. 거기서 농부 두 사람이 낫을 들고 웃자란 산초를 베는 모습을 지켜봤다. 두 농부의 시원시원한 동작은 마치 떼춤을 추는 댄서들 같았다.

　더 가까이 가서 보니 두 농부는 정기적으로 쉬면서 호주머니에서 납작한 돌을 꺼내 칼을 갈고 있었다. 낫의 칼날 부분을 따라 돌을 우아하게 앞뒤로 움직였다. 그들은 날카롭게 칼날을 벼리고 있었다. 어느 정도 시간이 지난 후 두 농부는 다시 풀을 베기 시작했다.

　두 농부는 이 과정을 여러 번 반복했다. 10분가량 풀을 베고

5분가량은 낫을 갈았다.

여기서 우문. 왜 낫을 가느라 5분이나 허비할까? 한 시간으로 따지면 20분을 낭비하는 셈인데, 계속 풀을 베서 일을 서둘러 마치고 일찍 귀가하는 편이 더 좋지 않을까?

현답. 낫으로 풀을 벨 때마다 칼날이 무뎌지기 때문이다. 칼날이 계속 무뎌지면 작업은 더 힘들고 작업량은 줄어든다. 그 결과, 귀가 시간이 훨씬 더 늦어진다.

교훈. 베는 것은 물론 벼리는 것도 다 농부가 함께 해야 할 일이다.

적용. 나는 목회 생활 초기에 이같이 베고 벼리는 원칙을 대수롭지 않게 여겼다. 밝히기 부끄럽지만, 내 능력으로는 도저히 손에 넣을 수 없는 뭔가가 필요하거나, 곤경에 처해 무릎을 꿇을 수밖에 없을 때를 만나고 나서야 무뎌진 내 인생(이나 영적인 부분)을 버릴 생각이 잠깐씩 났을 뿐이었다.

나는 왜 이렇게 살지 못할까

이런 식으로 살면서 누적된 결과는 화를 불렀다. 영혼이 무뎌진 것이다. **하나님에 대한 이야기는 많이 하면서 하나님께 귀를 기울이는 시간은 별로 없었다. 나는 목적 지상주의의 덫에 걸려들었다. 진짜 중요한 일은 제쳐놓고 덜 중요한 문제에 빠져 헤어나지 못했다.**

나는 자주 피로를 느끼고 짜증을 냈다. 몸만 피곤한 게 아니라 영적으로, 정서적으로도 공허해졌다. 때로는 질투, 조급증, 야망, 불만, 망상의 유혹에 휘말리기도 했다. 몹시 예민해져서 사람들이 나를 비판하고 반대하고 모욕을 주면 쉽게 난리를 쳤다. 스스로도 최선을 다하고 있지 않다는 느낌을 자주 받았다. 하나님과 사람들을 대하는 것을 성적으로 매긴다면 B 마이너스에 불과했다.

내 기도는 깊이가 없었다. 하나님과 동행한다는 사람의 기도라고 볼 수 없었다. 사람들은 흔히 나를 훌륭한 설교자, 목사라고 칭찬했지만 사실 나로 인해 그리스도 예수께 더욱 헌신한 사람은 많지 않았다.

세월이 흐르고 '벽'에 부딪히는 일이 너무 많아지자 내 인생의 중심에 빠진 게 무엇인지 진지하게 찾기 시작했다. 이러다가 낙오자가 될지도 모른다는 두려움이 들었다. 이윽고 나는 가장 중요한 성경 원칙을 발견했다. 영혼을 벼리는 거룩한 시간, 곧 안식일이었다.

그 전까지는 안식일 개념이 피부에 와 닿지 않았다. 그때까지 나에게 안식일이란 설교와 늘어나는 교인과 성공적인 프로그램으로 정신없이 바쁘게 돌아가는 일요일 하루를 뜻했다. 장엄한 예배, 즐거운 정적, 내적 '대화', 인생의 정돈이 있는 안식일은 도저히 상상할 수 없었다. 기분이 몹시 뒤숭숭했던 것이 당연했다. 내가 왜 그런지도 전혀 몰랐다.

이 모든 사태는, 세상일을 반드시 멈추고(정말로 멈춰야 한다!) 영혼의 일을 할 때가 있다고 말씀하시는 하나님을 진지하게 받아들이지 않고 오랫동안 밍그적거린 결과였다.

안식일 24시간 동안 무엇을 할 수 있을지 상상해보자. 쉴 새 없이 분주한 일상에서 벗어나 비교적 조용히 하나님께 귀를 기울일 수 있다. 사랑하는 사람들과 친밀하게 지낼 수 있다. 최근에 있었던 일을 반성하고 받은 복을 헤아리며 후회를 털어버릴 수 있다. 앞날의 우선순위와 방향을 재조정할 수 있다. 창조주 하나님에 대한 참된 신앙과 순종을 다짐할 수 있다. 쉬고 웃고 공부하고 놀 수 있다.

그저 상상만 해도 깊은 한숨과 질문이 절로 나온다. 나는 왜 이렇게 살지 못했을까?

자유, 평화, 기쁨 그리고 영적 고양

나는 삼십 대 초반이 되어서야 안식일 개념을 제대로 이해하기 시작했다. 처음에는 개신교나 가톨릭이 아니라 사려 깊은 유대인들의 책에서 이런 개념을 배웠다.

독실한 유대인으로서 소설가이자 극작가인 허먼 오크 (Herman Wouk)는 《내가 믿는 하나님》(*This is My God*)에서 자신의 신앙생활을 묘사하면서 안식일이 생활의 중심이라는 사실을 분명히 밝힌다.

워크는 "나는 이제 말할 수 있다. 안식일은 독실한 유대인의 존재 방식을 떠받치는 받침점이고 활력과 회복과 원기의 원천이다"라고 썼다. 나는 그 문장에서 눈을 떼지 못했다.

"개신교의 안식일과 유대교의 안식일에서 미묘하지만 압도적인 차이가 드러나는 지점은 안식일 정신 부분이다. 유대교의 안식일은 촛불과 와인을 놓고 축복하는 것으로 시작한다. 촛불과 와인은 안식일의 열쇠다. 엄숙한 관습이지만 이를 통해 자유, 평화, 기쁨 그리고 고양을 느낄 수 있다."[10]

마지막에 오크가 느낄 수 있다고 말한 네 가지를 다시 읽어 보자. 최근에 개신교의 안식일(주일)에 참여하면서 이런 것을 느꼈던 적이 언제였는가?

오크는 매주 금요일 저녁 해가 질 무렵이면 뉴욕 시에 있는 아파트에 도착한다. 가족과 함께 보내는 안식일의 전형적인 모습을 그는 이렇게 묘사한다.

"(내가 일했던) 칙칙한 극장, 아무렇게나 버려진 커피 잔들, 뒤죽박죽 끼적인 대본들, 초췌한 배우들, 소리치는 무대 담당 직원들, 고뇌에 찬 감독, 초조한 제작자들, 탁탁거리는 타자기 소리, 자욱한 담배 연기 그리고 무대 뒤의 먼지… 이런 것들을 뒤로하고 나는 집에 도착했다. 전장에서 잠시 돌아온 것과 비슷한 놀라운 변화였다."[11]

극장에 대한 묘사와 우리가 살아가는 이 세계가 얼마나 비슷한지 보라. 반면 그의 가정에 깃든 정돈된 세계를 주목하라.

부인과 아들들은 그가 도착하길 기다린다. 이윽고 온 식구는 맛있는 음식을 차려놓고 "안식일의 상징들과 꽃으로 치장한 식탁"에 앉는다.[12] 그런 다음 워크는 아들들을 하나씩 안수하고 축복한다(내가 가장 좋아하는 대목이다). 그 후에는 먹고 노래하고 이야기하고 질문한다. 워크는 "[안식일은] 내가 마법같이 회복되는

피정"이라고 말한다.[13]

마법 같은 회복. 멋진 표현이다.

토요일에 하는 일은 거의 똑같다고 오크는 덧붙인다. 회당에서 예배하고 공원에서 함께 어울려 논다. "안식일에는 우리가 늘 같은 곳에 있다[는 것을 아이들은 안다]. … 아이들은 아빠가 일을 쉬고 엄마도 느긋하게 지낸다는 것을 안다. 안식일은 아이들을 위한 날이다."[14]

"안식일은 나를 위한 날이기도 하다. 전화기[지금이라면 아이폰이나 블랙베리]는 조용하다. 이날에 나는 읽고 생각하고 공부하고 걷기도 하지만, 때로는 아무것도 하지 않으며 시간을 보낸다. 안식일은 고요한 오아시스다."[15]

안식일을 보내고 토요일 저녁에 극장으로 돌아가면 누군가 오크에게 말한다. "유대교는 부럽지 않은데 안식일은 부럽다."[16]

랍비 조너선 삭스(Jonathan Sacks)가 《미래의 신앙》(*Faith in the Future*)에서 쓴 안식일의 모습도 다르지 않다. "금요일 오후에 집으로 돌아가는 모습을 상상해보라. 바쁘게 보낸 일주일은 쏜살같이 지나갔다. 당신은 지칠 대로 지쳤다. 집에는 조촐하게 빛나는 안식일 식탁이 있다. 양초는 '가정의 평화'를 상징한다. 와인은 축복과 기쁨을 상징한다. 빵 두 덩이는 이스라엘 사람들이 광야에 머무는 동안 이렛날에는 음식을 거둘 필요가 없도록 두 배로 내렸던 만나를 떠올리게 한다."[17]

그다음 말을 주의 깊게 들어보라.

"그 식탁을 보는 순간 나는 내일 저녁까지는 다른 세계로 들어

간다는 것을 자각한다. 일에 대한 압박도 경쟁도 방해도 훼방도 없이 가족과 친구들과 함께 시간을 보낸다."[18]

생각해보니 나의 안식일을 부러워한 사람은 아무도 없었다. 누구나 부러워할 정도로 꾸준히 또는 체계적으로 나를 벼리는 시간을 갖지 않아서인지도 모른다. 내가 목회했던 교회에서 한 장로는 일요일의 긴 오전을 아주 바쁘게 보낸 뒤에 이렇게 말했다. "하나님이 일주일에 하루만 안식일로 지키라고 해서 얼마나 다행인지 모릅니다. 이틀이었으면 신경쇠약에 걸렸을 겁니다."

그에 반해 독실한 유대인인 상원의원 조지프 리버먼(Joseph Lieberman)은 《안식의 선물》(The Gift of Rest)에서 이렇게 쓴다. "안식일을 지키는 일은 내 인생에서 가장 깊고 순결한 기쁨이기 때문에 나에게는 선물과 같다. 안식일은 평화롭고, 여유롭고, 감각적으로도 즐거운 날이다."[19]

리버먼은 마지막 표현에 대해 이어서 설명한다. "안식일을 감각적이라고 말한 것은 아름다운 분위기, 달뜬 선율, 맛있는 음식과 와인, 풍성한 사랑을 오감으로 느끼기 때문이다. 안식일에는 가족과 친구들을 다시 만난다. … 만물의 창조주 하나님을 감각으로 느낀다. **인생의 닻이 되고 터가 되고 영감의 원천이 되는 이 안식일을 지키는 일은 나에게 큰 선물이다.**"[20]

요즘 개신교와 가톨릭이 말하는 '신앙생활'에는 오크와 삭스와 리버먼이 말한 내용과 비슷한 부분이 하나라도 있을까?

내면생활이 어수선했던 젊은 시절에 나를 붙들고 놓지 않던 고민이 있었다. 자유, 평화, 기쁨, 영적 고양을 경험하는 것이 하나님의 뜻이라면, 어떻게 이것을 경험할 수 있을까?

정기적으로 안식일 하루, 24시간을 온전히 지켜보았더니 이것을 경험할 수 있었다. … 이렇게 대답할 수 있으면 좋으련만, 그것은 진실되지 못한 말이다. 그러나 24시간보다는 짧았지만 내 인생을 '벼리는' 진정한 안식을 삶에 어떻게 채워 넣었는지 몇 가지를 통해 배울 수 있었다.

나는 이렇게 안식을 누린다

안식에는 두 가지 면이 있다. 친구들이나 교회와 어울리는 공동체적 혹은 공적인 면과 개인적인 면이다. 여기에서는 개인적인 면에 대해서만 생각해보자. 오랫동안 우리 가정은 안식하는 하루를 침묵으로 시작했다. 우리는 소음도 방해도 훼방도 없는 골방에서 보내는 시간이 중요하다는 것을 배웠다. 한창 아이들을 키울 때에는 아이들보다 먼저 일어나 아침을 맞았다. 물론 일찍 잠들어야 했다. 우리에게는 이런 생활 습관이 효과가 있었다.

아침에 갖는 이 조용한 시간은 나에게 가장 소중한 보물 중 하나였다. 아침마다 시간을 보내는 방법은 다르다. 하지만 목표는 늘 같다. 허먼 오크의 말을 다시 인용한다. "자유, 평화, 기쁨, 고양을 찾기 위해"서다. 목적은 무엇일까? 그날 하루 예수님께 순종하고 사람들을 도우며 세상으로 온전히 들어갈 준비를(분리될 준비가 아니라) 하기 위해서다.

토마스 아 켐피스는 묵상의 시간에 대해 이렇게 말했다. "당신만의 장소를 정해 그곳을 성실히 찾아라. 그곳은 당신의 가장 가까운 친구가 되어줄 것이고 당신은 그곳에서 큰 위로를 얻을 것이다. 독실한 사람은 침묵과 정적 속에서 영적으로 성장하고 성경의 비밀을 배운다. 눈물이 흐르는 곳에 정화가 있다. 하나님은 잠시 물러나 있는 사람을 가까이하신다. 자기 영혼을 보살피지 않고 공공연하게 기적을 행하는 것보다 혼자서 자신을 보살피는 것이 더 낫다."

나는 개인적인 안식을 보내면서 날마다 나를 버릴 수 있는 활동을 찾아냈다. 그런 활동은 농부가 낫을 버리듯 내 영혼을 벼리는 숫돌이 되었다.

힘써 회개하기. 나는 반드시 회개부터 한다. 회개는 생명을 구하고 하늘을 연다. 옛날에는 잘못을 시인하고 사과하고 잊어버리는 것을 회개라고 생각했다. 하지만 성경을 펼쳐서 다시 공부해보니 **회개란 언제라도 폭발할 수 있는 악이 모든 인간의 내면에 깊이 고여 있다는 사실을 인정하는 것이었다.**

내 생활은 정말 소란스럽다. 기억하지 않아도 크게 상관없는 불완전한 생각들이 수없이 머릿속을 드나든다. 깊은 회개란 내 마음을 살펴서 그런 변덕스러움을 찾아내고, 남들과 비교하고 실패를 변명하며 상대의 불친절에 불평하는 습성을 버리는 것이다.

나는 이사야처럼 말하며 하나님 앞에 나아가 회개한다. "큰일 났다. 나는 정말 엉망진창이구나"(사 6:5 참고). 뼈아픈 겸손과 정기적인 점검이 필요했다. 나는 여전히 잘못을 인정하거나 정직하게 평가받고 싶지 않을 때가 많다. 칼날을 벼리는 안식일을 경험하려면 이 일이 빠질 수 없다.

성경에 몰입하기. 남들에게 할 말을 준비하는 설교자로서가 아니라 하나님의 다정하고 날카로운 말씀에 굶주린(때로 절박한) 사람으로서 성경 읽기에 힘쓴다.

나는 특별히 예수님과 제자들에 관한 성경 이야기를 무진장 사랑한다. 시편 23편처럼 자주, 평생 즐겨 읽는 글도 있다. 종종 가만히 앉아서 시편 23편을 읽고 또 읽는다. 읽으면서 단어들을 하나씩 음미한다. 시원한 물가, 어두운 골짜기, 지팡이, 막대기, 잔칫상, 선하심과 인자하심(나 같은 죄인에게는 감동적인 단어들이다). 나는 대목자 예수님이 친히 나를 인도하시는 모습을 즐겨 상상한다. 푸른 초장으로 가면 분주했던 마음은 깨끗이 사라지고, 나를 위험에서 보호하시는 그분의 임재는 보다 선명해진다. 그분은 기름으로 내 상처를 소독하고, 무기력하게 보고만 있는 '적들' 앞에서 기름진 저녁상을 차려주신다.

영적 스승들이 남긴 책 읽기. 어거스틴, 로렌스, 페늘롱, 폭스, 토마스 아 켐피스. 젊을 때에는 그런 이상한 사람들의 글을 읽을 시간이 없었다. 하지만 지금은 고마운 마음으로 그들이 남긴 책을 읽는다. 그들의 말은 내 영혼까지 파고든다. 퀘이커교도, 가톨릭교도, 개신교도, 수도사, 신비가. 각각에게 배운 새로운 관점으로 나는 한 가지 전통이나 신학 관점으로는 완전히 포착할 수 없는 크신 하나님을 균형 있게 이해할 수 있었다.

반성하기. 나는 정말 야단스럽게 살았다. 내 마음에는 안개처럼 사라지는 설익은 생각들이 얼마나 많았던가? 아무런 평가 없이 지나친 일들은 얼마나 많았던가? 하루를 깊이 반성하고 사건과 대화 속에서 지혜를 건져내지 못한 적이 얼마나 많았던가? 고맙다는 말을 하지 못했던 때는? 성찰이란 이렇게 지나친 일들을 거두어 거기에서 의미와 메시지를 짜내는 일이다.

일기 쓰기. 노트에 나 자신에 대해 쓰기 시작한 날(1968년 12월 17일)로부터 일기 쓰기는 내가 매일 하는 일 중에 가장 중요한 일이 되었다. 오랫동안 날마다 내가 들었던(또는 지나쳤던) 하나님의 음성, 기뻤던 일, 후회 들이 차곡차곡 일기에 쌓였다. 나는 기도, 인용문, 성경 구절, 그 날 만났던 '천사들'이 나에게 했던 말들을 촘촘히 기록했다. 이스라엘 사람들이 하나님의 큰 업적과 계시를 기억하기 위해 기념비를 세웠던 것처럼, 나의 일기는 내가 받은 하나님의 은혜를 기억하는 기념비였다.

예배. 안식일에는 반드시 주님 앞에 무릎을 꿇고 기도하는 자세로 확실히 말해야 한다. "기쁨으로 주님을 섬기고, 환호성을 올리면서, 그 앞으로 나아가거라. 너희는 주님이 하나님이심을 알아라. 그가 우리를 지으셨으니, 우리는 그의 것이요, 그의 백성이요, 그가 기르시는 양이다"(시 100:2-3).

하나님의 성품과 위대한 역사를 찬양하고 예배할 때에 우리는 힘을 얻기도 하고 때로는 초라함도 느낀다. 자기중심적인 내 모습을 그냥 두지 않으시는 하나님이 보잘것없는 본모습을 드러내셔서 고통스러웠던 적도 한두 번이 아니었다. 하지만 그렇게 큰 좌절을 겪은 후에는 또한 놀랍도록 은혜로운 손길로 그 수렁에서 건져주심으로써 새로운 노래가 내 안에 가득하기도 했다.

안식하며 상상하기. 우리는 이것을 자주 인식하지 못하지만 하늘 아버지는 우리에게 상상력(이를테면 내면의 연극 무대 같은 것)을 선물로 주셨다. 상상력을 발휘하면 미래의 가능성을 그려볼 수 있다. 먼 미래(10년 뒤에 나는 어떤 사람이 되어 있을까?)와 가까운 미래(오늘 준비할 일은 무엇인가?)를 상상할 수 있다.

안식하는 동안 나는 예정된 대화를 가만히 상상해본다. 일과표를 가득 채우고 있는 일들에 대해 자주 생각한다. 상상하며 이런 질문을 던진다. 그 상황에서 내가 어떤 도움을 줄 수 있을까? 그가 이렇게 나오면 뭐라고 하지? 좀 더 경청할 수 있을까? 하나님은 나에게 어떤 말씀을 하실까? 우리가 이런 상상을 할 때 성령은 우리 마음속에 담긴 가능성을 보여주신다.

나는 이렇게 안식일을 보낸다. 나의 내면의 칼날은 날카로워지고 어느새 집중력과 영적인 활력을 얻어 세상으로 나아간다.

나는 퀘이커 운동의 창시자 조지 폭스(George Fox)의 전기 작가 루퍼스 존스(Rufus Jones)가 했던 말을 좋아한다. "모든 계획과 준비에서 중요한 요소는 바로 조용한 장소라고 폭스는 말했다. 그는 자기를 따르는 사람들에게 예배 모임에서 조용히 묵상하는 시간을 귀하게 여기라고 가르쳤다. **그는 내면을 깊이 함양할 줄 알고 외부의 도움 없이도 스스로 하나님을 만날 수 있는 공동체를 남기고 싶었다.**"

조지 폭스가 게일과 나와 함께 있었으면 두 스위스 농부를 아주 좋아했을 것이다.

9장

30일간의 의사결정 실험 이야기

같은 문제를 봐도 빛나는 기회를 포착한다

빌 하이벨스

오래전에 저예산 영화 한 편이 박스오피스를 강타한 적이 있었다. 보통 사람은 못 보는 것을 볼 줄 아는 신비한 능력을 가진 소년에 관한 이야기였다. 소년은 죽은 사람들을 보고 그들과 이야기하는 능력이 있었다. 영화 〈식스 센스〉에서 소년은 유명한 대사를 남겼다. "나에게는 죽은 사람들이 보여요." 오싹하지만 기억에 남는 명대사다. 한 목사는 나에게 이렇게 말했다. "그게 뭐 대단한 능력이라고. 나는 제직회 때마다 그런 사람들을 봅니다."

많은 그리스도인과 교인, 리더 들에게는 특별한 직관, 곧 육감이 있다. 그들 안에 있는 내면의 나침반은 남들보다 늘 월등하게 작용한다. 어떤 상황에서 올바른 방향을 찾기 위해 모두가 애

쓸 때 그들은 조용히 귀를 기울이고 있다가 목소리를 내고 어떤 방향을 제안한다. 그러면 모든 사람은 "맞아. 그래, 맞아"라고 고개를 끄덕인다. 대체 어떻게 그럴 수 있을까?

보통 사람들보다 미래를 더 정확하게 감지하는 사람들을 나는 알고 있다. 그들은 지금 내리는 결정이 미래에 어떤 영향을 주는지 예감한다. 불가사의한 일이다. **같은 문제를 보는데도 다이아몬드처럼 빛나는 기회를 포착하는 사람들이 있고 먼지 가득한 탄광만 겨우 보는 사람들도 있다.** 우리 같은 사람들은 생각하지 못하는 개개인의 잠재력을 분별할 줄 아는 리더들도 알고 있다.

이런 신비한 능력이 어디서 오는지 설명할 수 있는가?

최근에는 나 자신의 의사결정 과정에 대해 생각해봤다. 직관력은 어디서 나오는 것일까? 이런 능력은 계발될 수 있을까?

이와 관련해 30일 동안 실험을 해봤다. 공책을 가지고 다니면서 크고 작은 결정을 내릴 때마다 기록했다. 30일 후 어떤 요소가 내 결정에 영향을 주었는지 반추해봤다. 나의 육감이나 직관은 어디에서 비롯되는지 그 신비를 풀고 싶었다.

내가 내린 결정들을 가만히 보니 다음과 같은 네 가지 요소가 두드러졌다. 인식하든 못하든 사람들은 대부분 이런 네 가지 요소를 기초로 정보를 활용한다.

1. 내가 정말 믿는 대로 실천한다

실험을 하는 동안 내 책상 위에는 윌로우크릭협회의 한 국제 지부와 관련해 결정해야 할 어떤 문제가 놓여 있었다. 한 고위 리더가 여러 차례 돈을 불투명하게 지출한 문제로 결국 협회를 떠나게 되었다. 계약서도 없고 증빙 서류도 없는데 사람들은 대가를 지불하라고 독촉해왔다.

어떻게 해야 할지 결정을 내려야 했을 때 나는 앉은자리에서 직관적으로 대답했다. "돈을 지불하세요. 전부. 달라는 대로 주세요."

나는 네덜란드 사람이라 아무리 적은 액수여도 돈이 나가는 일에는 크게 신경이 쓰인다. 하지만 이번 결정은 쉬웠다. 컨설턴트를 고용할 필요도 기도하며 기다릴 필요도 없었다. 실속을 따질 일도 아니었다. 내 인생의 세 가지 기본 원칙 덕분에 사실상 결정하고 말 것도 없었다.

1. 모든 일에서 하나님을 영화롭게 하면 하나님도 나를 높여주신다. 단지 멋있어 보이려고 하는 말이 아니다. 이것은 내 존재의 중심에서 흔들리지 않는 기본 신념이다. 모든 일에서 절대적으로 그리고 일관되게 하나님을 영화롭게 하는 사람에게 주권자 하나님도 은총을 내리신다는 것을 나는 진심으로 믿는다.

반대로 내가 어떤 식으로든 하나님의 명예에 먹칠하고, 인생이나 사역에서 편법을 쓴다면, 그리고 원칙을 어기고 약속을 저버리며 하나님의 인도에 순종하지 않는다면 나는 하늘로부터 임하는 도움을 기대할 수 없다. 행여 하나님이 은혜를 베푸실 수도 있지만 기대할 수는 없다. 게다가 나는 하늘의 도움을 받지 않고도 살아갈 수 있는 사람이 아니다.

2. 사람이 중요하다. 이 우주에서 하나님이 유일하게 아끼시는 참된 보물은 바로 사람이다. 따라서 하나님이 아끼시는 것처럼 내가 사람을 정중하게 대하면 그분은 나에게 능력을 더하심을 믿는다.

따라서 어떤 결정에 '사람'이 관련되어 있을 때면 나는 안테나를 높이 올린다. 나는 당회원들에게 자주 이렇게 말한다. "친구 여러분, 우리가 이번에 실수를 하더라도, 사람들에게 자비를 베푸는 실수를 합시다." 훗날 하나님 앞에 섰을 때, 자비를 '과하게' 베풀었다는 점은 드러나도 좋지만, 사람들을 홀대했다는 지적은 받고 싶지 않다.

누가복음 18장에서 예수님은 "하나님도 두려워하지 않고, 사람도 존중하지 않는" 불의한 재판관에 대해 말씀하신다. 그는 하나님을 영화롭게 하는 일에는 전혀 관심이 없었다. 사람을 중요하게 여기지 않았기 때문에 그들을 거들떠보지도 않았다. 필연적으로 부패할 수밖에 없는 잘못된 자기 신념에 따라 결정을 내렸다. 나는 그런 사람이 되지 않기로 단단히 마음먹었다.

3. 교회는 세상의 소망이다. 사람들은 내가 모든 일에서 치열할 것이라고 오해한다. 하지만 그렇지 않다. 가까운 친구들에게 물어보라. 나는 음식, 옷, 자동차, 오락, 돈, 정치를 비롯한 대부분의 일에 별 흥미가 없다. 하지만 예수님이 친히 신부라고 부르시는 교회에 관한 일이라면 물불을 가리지 않는다. 평생 교회에 빠져 살았다는 것을 누군가 비난이라도 한다면 나는 기꺼이 그 모든 비난을 감수할 것이다.

교회의 미래, 건강, 연합, 능률을 위한 것이라면 나는 어떤 결정이든 쉽게 내린다. 그런 일이라면 대환영이다. 교회를 건강하게 이끌 수 있다면 어떤 일도 하고 어떤 대가도 치를 것이다.

당신이 정말로 믿는 것은 무엇인가? 당신의 역량을 날카롭게 하는 핵심 신념을 찾아보라.

2. 나의 멘토들은 어떻게 했을까 생각한다

나는 비슷한 상황에서 나보다 현명하고 재능 있고 노련한 사람들은 어떤 결정을 내렸을지 생각할 때가 많다. 내가 개인적으로 아는 이들도 있고, 만난 적은 없지만 책과 테이프를 통해 가르침을 받은 사람들도 있다.

결정할 일의 성격에 따라 나는 각각 다른 리더들을 찾는다. 위험이 따르는 결정을 내려야 할 때는 심각한 상황도 배제하지 않는다. 위기관리가 필요한 일이 생길 때마다 나는 아버지에게 듣는다. 아버지는 거의 25년 전에 세상을 떠났지만 내가 관찰한 바로는 여전히 강력한 위기관리의 귀감이다.

어떤 사람들은 터무니없는 위험에 가진 것 전부를 건다. 그렇게 위험천만한 일들을 계속 벌이다 보면 결국 전 재산을 날릴 수도 있다. 반면, 위기는 무조건 피하고 보는 리더들이 있다. 그들은 결코 모험을 하지 않는다.

아버지는 철저한 계획을 세우는 모험가였다. 아버지는 핵심 사업을 착실하고 지속적으로 관리했다. 하지만 이런 말도 하셨다. "빌리, 이따금 모험을 하지 않으면 아무것도 배우지 못해. 인생은 몹시 따분해질 거야." 아버지가 말했던 모험이라는 표현 (take a flyer)은 비행기 조종사가 새로운 항공기를 시험 비행한다는 뜻이다. 아버지는 새로운 아이디어, 새로운 전략, 신상품 등 사업에 있어 마땅히 감당해야 할 모험에 대해서는 망설이지 않았다. 사람에 대한 위험도 감수했다. '비행'에 성공한 경우도 있고 추락해서 거금을 날린 경우도 있었다. 하지만 추락 후에도 그렇게 모험을 하면서 배웠던 교훈에 대해 말해주셨다. "세상이 끝난 게 아니야. 즐겁게 해볼 만한 일이었어."

아버지는 주변의 부정적인 말을 하는 사람들에게 별 영향을 받지 않았다. 새로운 아이디어가 현실성이 없다는 말을 들으면 크게 웃고는 "그럴지도 몰라. 몇 달 지나면 전부 알게 되겠지. 그렇지 않아?"라고 말하곤 했다. 아버지는 늘 전 재산을 거는 경솔한 도박가도, 그렇다고 모험을 아예 회피하는 사람도 아니었다. 아버지는 철저히 계획을 세우고 때때로 모험을 하면 계속 배우고 성장할 수 있으리라 여겼다.

이러한 경험은 지금도 나의 의사결정에 도움을 준다. 우리는 현재 '윌로우크릭지역사역센터'라는 모험에 뛰어들었다. 철저히 계획하고 시작한 모험이다. 결과는 미지수다. 하지만 아버지의 영향 덕분에 이런 방아쇠를 당길 배짱이 생겼다.

너무 자주 전 재산을 거는 바람에 교회를 위태롭게 하는 리더들이 있다. 그들에게도 틀림없이 존경하는 위인들이 있을 것이다(위기가 닥쳐야 돈을 버는 선물거래 중개인과 같은). 반면에 어떤 리더는 10년이 지나도록 모험 한번 하지 않는다. "위기는 나쁘다. 실패하느니 차라리 아무것도 하지 말라." 그들이 따르는 음성은 이런 것일지도 모른다.

당신은 위기를 만나면 어떤 방식으로 결정을 내리는가? 누구에게 지혜를 얻는가?

나는 결정해야 할 일이 많다. 성과가 낮은 직원이 있다면 어떻게 해야 할까? 그 문제라면 나는 예수님과 피터 드러커를 따른다. 예수님은 "일꾼이 자기 삯을 받는 것은 마땅하다"(눅 10:7)라고 말씀하셨다. 고용주는 생산적인 직원에게 합당한 임금을 지급해야 한다.

반대로 직원이 태만하면 임금 지급을 미루거나 삭감해야 한다. 피터 드러커는 이렇게 말한 적이 있다. "빌 목사님, 교회에서 일하는 직원일지라도 유급 직원의 태만은 용납할 수 없습니다." 우리도 성과가 낮은 직원에 대해서는 있는 그대로 평가하고 내버려두지 않는다. 그러고는 원인을 찾는다. 직무가 적성에 맞지 않아서인가? 훈련 부족인가? 비현실적인 기대 때문인가? 이런 원인이라면 해결 방법이 있다. 그렇지 않으면 불성실한 업무 습관 때문인가? 나쁜 태도가 문제인가? 성격적 결함인가? 협업 능력이 부족한가? 우리는 때로 직원을 내보내기도 한다. 해고할 때는 성실하게 처리한다. 재취업을 돕고 퇴직금을 지급한다. 하지만 예수님과 피터 드러커의 말은 늘 내 마음을 울린다.

어떤 때는 탁월성과 관련된 결정을 내려야 한다. 그럴 때면 나는 두 사업가를 생각한다. 에드 프린스(Ed Prince)와 리치 디보스

(Rich Devoss)다. 그들을 알게 되면서 사업과 개인 생활을 동시에 탁월하게 해내는 법을 배울 수 있었다. 모든 게 완벽하지 않으면 못 견디는 사람들이 있고 '좋은 게 좋다'라는 식으로 일하는 사람들도 있다. 나는 에드와 리치를 보면서 올바른 균형을 잡는다.

내 책상에는 관료주의 같은 문제도 올라온다. 우리 교회에서 중책을 맡고 있는 한 평신도 리더는 깊은 좌절 끝에 나에게 이렇게 말했다. "대체 어떻게 하면 예, 아니요 대답을 명확하게 들을 수 있나요? 자그마치 석 달입니다. 이걸 결정해달라고 부탁한 게 벌써 석 달이나 됐어요. 무슨 결정을 어떻게 내리든 이제 관심 없습니다. 동전을 던지든 점집에 전화를 하든 상관없으니 빨리 결정해주세요."

윌로우크릭에서 자꾸 이런 일이 생겨서 미칠 지경이다. 이런 경우 나는 한 번도 만난 적은 없지만 두 기업인의 도움을 받는다. 제너럴일렉트릭(GE)의 잭 웰치와 IBM의 루 거스너. 두 사람이 쓴 책과 이들에 관한 책은 대부분 다 읽었다. 루 거스너는 회사에서 결정을 내리는 일이 땅콩버터 강을 헤엄쳐 상류로 올라가는 것과 같다고 말했다. 그는 우유부단과 싸우는 전쟁을 선포했고 대부분 승리했다. 잭 웰치는 GE의 두 번째 가치는 관료주의를 사정없이 근절하는 것이라고 말했다.

교회에서 "이 문제에 대해 결정을 좀 내려주세요"라고 구조 요청을 하면 나는 루 거스너와 잭 웰치를 떠올리면서 신속하게 행동한다. 먼저는 비서를 통해 관련된 사람들을 모두 사무실로 부른다. "12주 동안 보류된 이 문제를 결정하기 전까지는 아무도 여기에서 못 나갑니다. 다들 소매를 걷어붙이고 달려들어 결정을 내립시다."

정당한 절차를 생략하자는 말이 아니다. 하지만 성장하는 교회는 반드시 적절한 시기에 결정을 내려야 한다. 시기적절한 결정은 리더의 책임이자 따르는 사람들이 누려야 할 권리다. 늘 땅콩버터 강에서 허우적거리면 사람들의 사기는 꺾인다.

그 밖에도 결정할 일은 많다. 신학적 결정은 30년 동안 변함없이 내 머릿속에 있는 빌 지키언 박사를 따른다. 관계와 심리와 관련된 결정은 상담사 두 명의 도움을 받는다. 윤리적이고 도덕적인 결정을 내려야 할 때는 구약 성경의 요셉이 나의 영웅이다. 그는 털어도 먼지 하나 나오지 않을 정도로, 역사상 보기 드문 리더였다.

우리의 일상적인 결정과 직관에 좋은 영향을 끼치는 사람들의 글을 읽고 그들과 친하게 지내라.

3. 나쁜 결정 때문에 당했던 고통을 떠올린다

내가 의사결정을 내릴 때 활용하는 세 번째 기준은 나쁜 결과를 가져왔던 지난날의 결정에서 받았던 고통을 떠올려보는 것이다.

누군가가 나에게 자기 생각을 설득하고 있는데 갑자기 말허리를 자를 때가 있다. "그건 안 됩니다."

그가 이유를 물어보면 이렇게 대답한다. "15년 전에 이미 그 일을 해봤습니다. 해낼 줄 알았는데 실패했죠. 10년 전에도 다시

해봤습니다. 또 실패했죠. 3년 선에는 우리가 훨씬 더 똑똑해진 줄 알았는데 무참히 실패했습니다. 이미 충분히 얻어맞았습니다. 미안합니다. 당신의 제안은 디오에이(DOA), 이미 죽은 상태로 도착한 셈입니다. 단념하세요."

고통 파일을 가득 채운 아픈 기억 때문에 저 멀리서 고통의 먹구름이 드리울 조짐이 보이면 직관적으로 속도를 늦추게 된다. 그것이 오랜 경험에서 나오는 한 가지 유익이다. 어리고 미숙한 사람들은 여전히 자기 몫의 아픔을 겪느라 바쁘겠지만 그게 인생이다. 그렇지 않은가?

고통은 훌륭한 스승이다. 목회자 멘토링 시간에 우리는 저녁을 먹은 뒤 편하게 앉아서 지금껏 시행착오 끝에 힘겹게 배운 교훈들, 다시는 반복하고 싶지 않은 일에 대해 서로 이야기한다. 내가 들었던 멋진 교훈 몇 가지는 다음과 같다.

- 장모에게 중책을 맡기면 절대 안 된다.
- 주말 수련회를 준비하는 신임 중고등부 목사에게 신용카드를 주면 절대 안 된다.
- 휴가 기간 동안 외부 강사에게 표적과 기사에 대한 설교를 맡기면 절대 안 된다.
- 예배 댄싱팀에게 의상을 마음대로 입으라고 말하면 절대 안 된다.

고통은 탁월한 스승이다. 남들의 고통에서 교훈을 배우는 것 역시 현명한 일이다.

4. 성령의 인도를 따른다

1년 전, 교회 기획팀은 1월 주말 연속 설교의 제목을 정해달라고 나를 채근했다. 제목을 정하지 못해 고심하고 있는데 성령이 말씀하시는 것을 확실히 느꼈다.

"사랑에 대해 설교해라."

나는 반대했다. "놀리시는 거죠. 1월의 설교 주제로는 너무 감상적입니다. 1월에는 '전진하는 새해', '체중 감량', '여유', '부채 청산', '죄 짓지 않는 삶', '하나님 안에서 성장하는 삶' 같은 확실한 주제가 필요합니다. 아시잖아요. 1월에 필요한 주제 말입니다!"

하지만 며칠 뒤 성령은 내 뜻을 꺾으셨다.

"나를 믿어보겠니?"

그래서 나는 '사랑의 달인'이라는 주제로 설교했다. 그 결과, 최근에 했던 어떤 설교들보다 반응이 좋았다. 내 목회 상식을 깨뜨리고 하나님이 하신 일이었다. 처음에 윌로우크릭을 개척하기로 한 것도 철저히 계획하고 시작한 일이 아니었다. 하나님이 인도하신 일이었다. 구도자에게 초점을 맞춘 것도, 예배에 예술을 도입한 것도, 신자들을 위한 예배를 주중에 마련한 것도 모두 하나님의 인도를 따른 것이었다.

모두 통념을 깨는 일이었고, 성령이 인도하신 결과였다.

최고의 사역자와 자원봉사자들이 지금 그 자리에서 일하는 것도 우리가 전략적으로 배치했기 때문이 아니라 성령이 인도하신 결과였다.

　교회를 이끄는 데에는 지혜와 올바른 판단력이 필요하다. 하지만 그와 함께 항상 하늘을 향해 귀를 열어두고 조용히 속삭이시는 성령의 음성을 들을 줄도 알아야 한다.

　나는 건강한 그리스도인들은 으레 그렇게 할 것이라고 생각했다. 하지만 지금은 생각이 다르다. 당신은 정말 하늘을 향해 귀를 열어두고 있는가? 조용히 속삭이시는 성령의 음성이 들릴 만큼 조용한 시간을 보내고 있는가? 의사결정을 할 때 성령이 하시는 말씀에 순종하는가?

　30일간 나의 의사결정이 어떻게 이루어지는지 스스로 평가해본 경험은 성경의 가르침을 다시 새길 수 있었던 귀한 시간이었다. "하나님의 영으로 인도함을 받는 사람은, 누구나 다 하나님의 자녀입니다"(롬 8:14). 오랜 반추 끝에, 성도들은 자신의 가치관과 경험을 차곡차곡 쌓아가면서 그것을 이후의 결정에 필요한 정보로 활용한다는 사실을 알게 되었다. 성령을 따르는 사람들은 이런 과정을 거치며 해가 지날수록 더 지혜로워진다.

　성령은 초자연적인 자원이다. 다른 어떤 자료나 정보도 성령과 같은 통찰을 주지 못한다. 성령께서 당신의 육감을 날카롭게 하시도록 내어드려라.

10장

멀리 가려면 나만의 리듬이 필요하다

성숙한 리더를 위한 핵심 훈련

루스 헤일리 바튼

교역자 회의에서 교인들의 교회 활동 참여를 장려하는 방법에 대해 의논하는 중이었다. 누가 계산해보더니 매주 다섯 명 이상이 우리 교회에 새로 등록하고 있다고 말했다. 겉으로는 아무 내색도 하지 않았지만 속으로는 비명을 질렀다. 누가 그런 일을 하고 싶어 할까? 나는 이미 '그리스도인 피로 증후군'에 시달리고 있었고 남들에게는 이런 고통을 주고 싶지 않았다.

'교회 생활'이라고 하면 으레 할 일 많고, 바쁘고, 끊임없이 압박받는 모습을 떠올리게 된 것은 어찌 된 일일까? 적절히 쉬지 않으면 우리는 온전히 살아갈 집중력을 잃는다.

나는 그날 회의실을 둘러보면서 교회 생활이 온갖 활동으로 분주한 이유를 알았다. 리더들이 그렇게 살기 때문이다.

'전속력으로 전진!' 우리는 대부분 이 한 가지 속도에만 익숙하다. 아주 오랫동안 그렇게 달려왔다. 리더들이 먼저 정상적인 생활 리듬을 확보하지 않는다면, 즉 고삐 풀린 활동주의를 제압하고 강박적인 분주함을 가라앉히지 않는다면 결코 멀리 가지 못할 것이다. 우리가 이끄는 성도들도 마찬가지다!

완전히 고갈되기 전에

예수님은 우리가 아무리 고매한 열정을 품고 있더라도 조심하지 않으면 금방 지치고 만다는 사실을 아셨다. 사역 초기에 예수님은 제자들에게 노동과 휴식에서 정상적인 리듬을 확보해야 한다고 가르치셨다.

마가복음 6장에서, 예수님은 제자들을 파송하시면서 귀신을 내쫓고 병자를 치유하는 권세도 함께 주셨다. 제자들은 첫 번째 전도여행을 하면서 새롭게 발견한 능력에 신이 나서 돌아왔다. 그들은 예수님을 둘러싸고 자신이 했던 일을 보고하느라 정신이 없었다.

그때 예수님은 어떻게 하셨는가? 그분은 제자들의 사역 보고를 들을 겨를이 없어 보였다. 제자들에게 즉시 이렇게 말씀하셨다. "너희는 따로 외딴 곳으로 와서, 좀 쉬어라"(막 6:31). 주님은 제자들이 사역의 성공에 도취한 나머지 쉬지도 못한 채 강박적으로 일에 빠져들지 않도록 하셨다. 예수님은 제자들의 삶에 중단 없이 사역을 해나가기 위한 거룩한 리듬을 만들어주고 싶으셨다.

적당한 휴식 없이 계속 밀어붙이는 생활은 일견 영웅적으로 보일지 모른다. 하지만 계속 그렇게 사역하면 온전히 살아갈 집중력을 잃어버리기 때문에 진정한 효과는 기대할 수가 없다. 그런 사람은 하나님께도 집중하지 못하고 사람에게도 집중하지 못한다. 더욱이 우리에게 정말로 필요한 게 무엇인지 분별할 힘도 잃어버린다.

결국 우리의 영혼과 정신은 그저 이 모든 것을 해내는 것에만 관심을 쏟는 상태에 빠진다. 이러면 진짜 통찰력과 영적 리더십을 온전히 발휘하기가 어려워진다.

내가 아는 한 의사는 이런 상태에 대해 핵심을 잘 짚어 설명한다. "피곤하거나 과로한 상태에서 환자를 보면 이것저것 검사를 많이 합니다. 너무 지쳐 있어 원인을 정확하게 파악할 수 없는 거지요. 그럴 때는 뭐라도 나오겠지 하는 심정으로 검사를 잔뜩 하는 버릇이 생겼습니다. 하지만 잠깐 눈을 붙이거나 조용히 산책을 하면서 휴식을 취한 다음에 환자를 보면 통찰과 경험을 기초로 원인을 정확하게 파악해냅니다. 환자의 말을 잘 듣고 환자와 질병에 집중하면 올바른 진단을 내릴 수 있지요."

에너지가 고갈되면 방향을 찾기 위해 외부의 요란한 소리에 지나치게 의존하기 시작한다. 근본 원인을 파악해 해결하지는 못하고 증상에 대처하기 바쁘다. 정말 피곤한 상태에서는 자신의 상황에 귀를 기울이고 관찰해서 가장 적절한 방식을 찾아내기보다 남들의 사역 방식을 흉내 내려 한다.

충분히 쉬고 난 후에는 주의력이 향상되어 현재 상황에서 가장 필요한 일이 무엇인지 분별할 수 있다. 또한 이를 감당할 활력과 창의력도 생긴다.

활동과 휴식이라는 리듬

사역자에게 가장 중요한 감각 중 하나는 활동과 휴식 사이에서 적절한 리듬을 확보하는 일이다. 우리는 정기적으로 최선을 다해 전투에 임해야 한다. **그러고는 한 걸음 물러나 관점과 전략을 가다듬고, 사역자로서 불가피하게 입은 상처를 치료할 시간도 정기적으로 마련해야 한다.**

하지만 기독교 사역자들에게 하나님을 위해 일하는 시간과 하나님 곁에서 영적인 공급을 받는 시간 사이의 경계는 대부분 모호하다. 성경을 읽는 시간은 하나님이 친히 하시는 말씀을 듣는 친밀한 소통의 시간이 아니라 설교를 위한 '교과서'를 읽는 시간이 되기 쉽다. 기도조차도 피곤하고 반복적인 정신 활동이나 공개적으로 영적 능력을 보여주는 시간으로 전락한다.

충분한 피정을 한다면 우리는 하나님의 임재로 들어가 허심탄회하게 마음을 열고 자신의 진면목을 볼 수 있다. 이것은 우리에게, 그리고 우리가 섬기는 사람들에게 무척 중요한 일이다.

현실적인 일을 억누르고 꾹 참기만 하면 심신은 지치고 결국 자신과 남들에게 손해를 입힌다. 하지만 피정을 하면 우리 삶 구석구석에 하나님을 모실 수 있다. 곧 기쁨을 축하하고 슬픔을 아파하며, 분노를 느끼고 눈물을 흘리는 자리에서도, 또한 해결책보다 의문거리가 더 많은 그런 자리라 할지라도 하나님은 항상 우리와 함께 계신다는 사실을 실감할 수 있다.

피정한다고 문제가 저절로 해결되는 것은 아니다. 우리는 하나님 안에서 쉬고 그분의 역사를 기다린 뒤 새로운 힘과 벼린 통찰로 다시 전투에 임한다.

바른 말은 침묵에서 나온다

잠언의 필자는 "말이 많으면 허물을 면하기 어려우나"(잠 10:19)라고 말한다. 사역자들은 입으로, 펜으로, 컴퓨터로 쉬지 않고 말을 하기 때문에 이런 말씀을 들으면 기가 죽는다. 말을 많이 하는 사람은 말의 오용뿐 아니라 남용한 것으로도 죄를 지을 위험이 크기 때문이다!

나는 잠시라도 입을 다물고 있지 않는다면 곧 문제가 생기리라는 것을 말 그대로 뼈저리게 느낀다. 내가 하는 말이 내 삶에서 하나님의 실재와 완전히 동떨어져 있음을 자각할 때 특히나 그렇다. 이런 절망적인 상황에서 벗어나는 유일한 길은 침묵이다.

디트리히 본회퍼는 "바른 말은 침묵에서 나오고 바른 침묵은 말에서 나온다"라고 썼다. 침묵하면 자의식이 예민해져서 진실한 말을 하기 때문에 침묵은 말을 정련하는 셈이다.

무의식적으로 자기를 과시하거나 사람들을 지배하고 조종

하고 소삭하는 말을 하지 않고, 마음의 역동성을 잘 들여다보면서 사랑과 믿음을 담아 하나님이 주신 지혜의 말을 할 수 있게된다.

아무도 없는 곳에서 하나님과 되도록 오래 머물면서 자신의 능력보다 하나님을 의식적으로 신뢰하는 일. 이것이 때로는 리더의 가장 영웅적인 행동이 될 수도 있다.

안식: 영적인 리듬감을 만드는 가장 중요한 훈련

우리는 침묵과 말, 휴식과 행동 사이에서 리듬을 찾아가며 하나님을 의지하는 법을 배운다. 분주하게 일을 벌이는 데 익숙한 사람들에게는 힘든 일이다. 우리가 직면하는 상황 속에서 하나님의 일하심을 기다리며 자제하는 데에도 힘이 필요하다.

하지만 말을 많이 해야 할수록, 일이 힘들수록, 적극적인 리더십을 발휘해야 할수록 나는 더욱 침묵해야 한다.

리더들에게는 솔직하게 고백해야 할 부끄러운 비밀이 있다. 자기 자신을 슈퍼맨으로 생각하는 사람이 많다는 점이 그것이다. 보통 사람의 한계를 뛰어넘어 세상을 구할 수 있는 능력이 자신에게 있다고 믿는다. 아니면 적어도 자기가 속한 지역 정도는 거뜬히 바꿀 수 있다고 믿는다. 이런 생각은 우리를 위험에 빠뜨린다.

안식은 인간의 한계를 인정하고 창조주 하나님을 높이는 중요한 훈련이다. 안식은 하나님이 손수 세상에 정하신 리듬에 맞추어 살아가는 삶이다. 안식하면 육은 휴식을 얻고, 영은 만족을 누리며, 혼은 하나님과 더불어 온전한 기쁨을 경험한다.

하지만 안식은 실천하기 가장 어려운 훈련이기도 하다. 안식하려면 자신의 한계를 기꺼이 인정하고 만물의 질서 안에서 적합하게 사는 것을 배워야 하기 때문이다.

만물의 첫 번째 질서는 인간은 피조물이고 하나님은 창조주라는 것이다. 하나님만이 유일하게 무한이신 분이다. 나는 시공간의 물리적 한계와 인간의 육체적 한계 안에서 살아갈 수밖에 없는 존재다.

관계, 감정, 정신, 영적인 능력에서도 한계가 있다. 나는 신이 아니다. 하나님만이 모든 사람에게 모든 것이 되실 수 있다. 하나님만이 두 곳에 동시에 계실 수 있다. 하나님만이 주무시지 않는다. 나는 할 수 없는 일이다.

이것은 아주 기본적인 사실이지만 이것을 무시하며 사는 사람이 많다. 안식일을 지키는 것이 리더들에게는 가장 실천하기 힘든 일인지도 모른다. 그리스도인은 대부분 일요일에 바쁘게 지낸다. 물론 그날 가장 바쁜 사람은 목회자다!

따라서 목회자는 안식일을 따로 마련해야 한다. 또는 성도들이 안식하는 법을 배울 수 있도록 교회 생활을 재편해야 한다. 일요일에 함께 예배한 뒤 교회에서의 활동을 없애고 모두 집으로 돌아가 쉬면서 즐거운 하루를 보낼 수 있다. 목사가 안식하겠다고 다짐하면 모두에게 복이 되는 셈이다.

안식일을 지킨다는 것은 노동과 휴식, 생산과 수면, 베풂과

받음, 존재와 행동, 활동과 순종이라는 삶의 리듬을 존중하기 위해 우리의 삶 전체에 질서를 세우는 것이다. 하루를 따로 구별하여 휴식과 예배에 전념하고 하나님과 그분이 주신 좋은 선물을 향유하는 시간으로 삼는다. 그리고 다른 날에는 안식일을 그렇게 지킬 수 있도록 살아야 한다.

인간의 한계를 존중한다는 것은 진정 영적인 일이다. 우리는 시공간에서 살아가는 육체와 영을 지닌 존재다. 늘 한계 이상으로 밀어붙이기보다는 현실을 받아들인다면 우리에게 평화가 임한다. 적어도 일주일에 하루는 자신에게 자비와 관용과 친절을 베풀면 남들에게도 자비와 관용과 친절을 베풀 힘을 얻는다.

하나님 안에서 정체성을 찾고 그 품에서 안식한다면 우리는 자유를 누린다. 결국 아무리 용을 써도 줄 수 없었던 참된 것을 세상에 줄 수 있다.

안식일을 지키면 우리의 한계를 인정하면서 그 안에서 살 수 있다. 안식일에 우리는 창조주의 임재 앞에서 그분의 피조물로 존재하기 때문이다. 그 날에는, 자기 힘으로 만들어내는 것보다 더욱 실제적인 것을 만진다. 말하자면 우리는 하나님 안에서 자기 자신을 접촉한다.

확실히 사람들에게는 이것이 가장 필요하다.

4부

그들은
교회가 아니라
리더를 떠난다

"나는 예수님은 존경하며 좋아하지만, 그리스도인은 좋아하지 않는다." 간디의 말이다.

왜 그랬을까? 여러 가지 이유가 있겠지만 우리가 전하는 복음과 우리가 살아내는 삶에서 현저한 차이를 보았기 때문일 것이다. 아이들에게 아무리 좋은 말을 들려주더라도, 삶으로 가르친 것만 남는 것처럼 말이다.

교회는 풍성하고 해박한 성경 지식을 갖춘 사람들의 모임이라기보다는 들은 말씀대로 살아가고 실천하는 사랑 공동체에 더 가깝지 않을까? 마음속에 각기 다른 목적으로 모인 껍데기뿐인 1만 명보다는 "어린 양이 어디로 인도하든지 따라가는 자"(계 14:4) 100명을 통해 주님은 더 영광받으신다. 하나님은 말씀에 온전히 사로잡힌 한 사람의 변화된 삶을 능력의 통로로 사용하신다. 우리는 주님의 진리를 빛내기 위해 부르심받은 사람들이다.

4부에서는 프랜시스 챈, 마크 부캐넌, 마크 래버튼, 스티브 메이가 영적 리더십의 핵심에 대해 깊이 있는 이야기를 들려준다. "본을 보일 때 가르침은 최고가 된다"라는 사실 말이다. 그들의 지혜를 들어보자.

11장

완벽한 설교 준비보다 더 중요한 것

영적 리더십의 첫 번째 원칙

프랜시스 챈

나는 설교할 때 두 가지 방식으로 사람들의 헌신을 이끌어낸다. 첫째, 하나님이 나를 가르치신 말씀을 듣고 그들도 깨닫기를 바란다. 본문의 의미를 정확히 이해하는 것이 중요하다. 둘째, 성령의 인도에 열려 있기를 바란다. 그래서 나는 예전처럼 설교를 미리 꼼꼼히 작성하지 않는다.

내가 이렇게 변한 것은 되도록 진실하고 싶기 때문이다. 지나치게 꼼꼼히 설교를 작성하다 보면 예배에서 하나님께 의지하기보다 기계적으로 설교하기 쉽다. 예배 모임마다 모이는 사람들의 성격이 다르기에 성령이 하고 싶으신 말씀이 따로 있을지도 모른다. 나는 설교를 작성하면 하나님이 달리 인도하시더라도 작성한 설교를 그대로 읽는 편이기 때문에 더욱 그렇다.

오래전부터 성령의 역할에 대해 조금씩 고민해왔다. 사역 초기에는 마치 성령이 계시지 않는 것처럼 일했다. 하나님을 모르는 사람들도 저마다 타고난 재능을 신뢰하며 살아가는 것처럼 나 역시 하나님이 주신 선천적인 능력에 기댔다. 내 연설 능력을 십분 발휘한다면 성령의 도움을 받지 않더라도 사람들을 끌어 모으는 데에는 별 어려움이 없을 것 같았다. 하지만 교회에는 내 재능만으로 할 수 없는 일들이 많다. 오직 성령만이 하실 수 있는 초자연적인 일들이 있다.

성경은 하나님이 주신 책이고 복음서와 기록된 말씀에는 초자연적인 힘이 있다. 그러하기에 나는 성경을 공부한다. 하지만 몇 시간 동안 공들여 완벽한 설교를 준비하는 것이 최선이라고는 생각하지 않는다. 성경을 성실히 연구하면서도, 내가 기도하거나 말씀을 전할 때에 성령께서 그 원하시는 바를 알게 하시기를 바란다. 하나님이 말씀하신 바를 신실하게 이루시는 것을 봐왔기 때문에 나 역시 그렇게 사역하고 싶은 마음이 간절하다.

본을 보일 때 가르침은 최고가 된다

이렇듯 성령을 새롭게 의지하게 된 것은 리더들과 함께 성경에 기록된 장로의 역할에 대해 공부하면서부터였다. 그들은 이렇게 말했다. "우리 당회는 기업에서 하는 회의와 비슷합니다. 가령 주차장 재포장 비용을 놓고 갑론을박하지요. 하지만 성경에 기록된 대로 하면 장로의 역할은 목양과 교육, 기도와 더 관련이 깊더군요." 그래서 우리는 변화를 꾀했다. 실무 일은 간사에게 맡기고, 장로들은 성경을 공부하면서 주님이 교회를 영적으로 어떻게 인도하시는지 구했다.

그 결과 당회에서는 신학과 성경, 리더십에 대한 논의가 활발하게 일어났다. 성경의 분명한 가르침을 소홀히 한 사실을 발견했다. 지금껏 익숙하게 생각해온 문화적 가치에 의문을 품기 시작했다.

미국 문화는 인간관계에 별 깊이가 없다. 페이스북과 트위터가 전형적인 예다. '페북 친구'는 많지만 의미 있는 우정을 나누는 그런 '벗'은 드물다. 우리에게는 서로의 눈을 마주 보며 대화할 수 있는 깊고 의미 있는 만남이 필요하다. 피상적인 만남이 전부인 천 명보다 올찬 사귐을 나누는 열 명이 더 낫다는 것을 깨달았다.

또한 미국은 우리에게 완전히 독립해 살아가든지, 아니면 정부와 보험사의 보호를 받으라고 사람들을 채근하는 문화다. 우리는 삼십 년 뒤에 일어날 일을 앞당겨 걱정하는 통에 오늘 당장 도움이 필요한 형제자매를 보살피지 않는 문화 속에서 살아간다. 인간관계가 피상적일 수밖에 없는 또 하나의 원인이다.

그러나 예수님은 삼십 년 뒤는 말할 것도 없고 내일 일도 염려하지 말라고 말씀하신다. 하나님은 성도들이 서로를 의지하길 바라신다. 우리는 서로를 보살펴야 하고 서로를 보호하는 안전망이 되어야 한다.

"보험을 해지하고 모든 것을 함께 나누어 쓰면 어떨까요?" 모임에서 이렇게 말하는 사람이 있다고 생각해보라. 우리 교회의 장로들은 누군가에게 무슨 일이 생기면 서로 가족을 보살피기로 약속했다. "이론적으로는 찬성하지만 저는 아직 준비가 덜되었습니다"라고 빼는 사람은 놀랍게도 별로 없었다. 우리는 이런 일을 꽤 오랫동안 의논했고 개인적으로도 오래 고민했다. 오랜 시간 함께해온 장로들이었기에 결정은 수월했다. 이것이 친밀한 관계다. 이 안에는 신뢰가 있다.

장로들 사이에서 이런 변화가 있기까지는 신뢰의 역할이 매우 중요했다. 한 장로가 나를 보면서 "목사님에게 무슨 일이 생기면 제가 목사님의 가족을 보살피겠습니다"라고 약속했던 것도, 그리고 내가 그의 말을 믿을 수 있었던 것도 우리가 함께 지내온 시절 덕분이었다. 주님 앞에서 그분들이 어떻게 확신 있게 살아가는지 똑똑히 봤기에 그것이 빈말이 아님을 알았다. 이것은 신뢰의 문제이며, 모든 관계는 그래야 한다.

성령의 능력을 힘입어 신앙의 초점을 자조(自助)에서 공조(共助)로 바꾼 까닭에 교인들의 영적 성장(spiritual formation)에 대해서도 책임을 나눠 지게 되었다. 이런 단계에 들어서자 우리 교회 같은 규모에서는 장로가 오륙십 명이 필요하다는 것을 깨달았다. 우리는 부족한 장로를 더 많이 모집해서 훈련했다. 기존 모델로는 육십 명이 한자리에 앉아 결정을 내릴 수는 없다고 생각했기 때문에 사실 장로를 더 세울 계획은 없었다. 열 사람만 모여도 의사결정은 힘들어진다. 하지만 우리는 혼동하고 있었다.

목양과 의사결정은 성격 자체가 다른 일이었다. 장로들을 더 많이 임명해 교인들을 돌보게 하면서도 의사결정은 대부분 장로 여섯이나 여덟 명에게 일임했다.

리더들의 이런 변화가 조금씩 공동체에도 알려졌다. 장로들 사이에서 서로 공조를 약속한 후에는 가진 것을 통용하는 일이 늘었다. 이윽고 우리는 당회를 벗어나 가까운 이웃과 교회의 성도들에게도 나눔을 실천했다. 나눔을 실천하는 사람들은 계속 늘었다. 이제 교우들은 자동차를 선물하고 궁핍한 사람에게 수표를 건네고 가진 것을 나누며 집을 개방한다. **리더십이 모든 일의 흥망을 결정한다는 것. 이것은 피해 갈 수 없는 원칙이다.** 본을 보일 때 가르침은 최고가 된다. 교회가 클수록 장로와 리더들이 모범을 보이는 것이 올바른 프로그램이나 설교 준비보다 더 중요하다.

리더들이 함께 믿음대로 살지 못하는 교회가 많다. 그들은 서로 신뢰하지 않는다. 그들은 프로그램으로 변화를 꾀한다. "나는 교회를 사랑하지만 리더가 되고 교회 일에 깊숙이 개입해서 일하게 되면 환멸을 느낀다"라는 말을 자주 듣는다. 행동과 가르침이 일치하지 않는다는 말이다. 이것은 심각한 고발이다.

억지로 예수님을 사랑하게 할 수는 없다

나는 최근에 어떤 책에서 "사람들을 강권한다고 해서 예수님께 사로잡히게 할 수는 없다. 그래서 우리에게는 성령이 필요하다"

라고 썼다. **곧 진정한 제자를 만들려면 좋은 설교 이상의 것이 필요하다는 뜻이다.** 어느 정도 목회를 하면 설교를 잘해서 교인들이 변하는 것은 아니라는 사실을 깨닫는다. 그리스도께 온전히 헌신한 사람을 만나보라. 목회자의 설교나 행동으로 그렇게 된 것이 아니다.

하루는 우리 교회에서 15년 동안 신앙생활을 해온 어떤 남자를 만났는데, 그는 내 설교가 자기를 변화시키지 못했다고 했다. 허구한 날 '좁은 길'을 걸어야 하고 그리스도를 위해 급진적으로 살아야 한다는 말만 했다는 것이다. 그는 자신과 같은 사람들을 위해 '중간 길'도 필요하다고 했다. 나는 말문이 막혔다. 15년 동안이나 내 가르침을 듣고도 여전히 중간 길도 있다고 하다니! 나는 내 설교가 정말 유익하고 이해하기 쉽다는 말을 많이 듣는 편이다. 그런데도 이런 말을 들으면 모든 것이 속절없이 무너진다.

그제야 '억지로 예수님을 사랑하게 만들 수 없다'라는 사실을 나는 기억했다. 나는 사람을 바꾸지 못한다. 그것은 하나님이 하시는 일이다.

이런 깨달음은 십 대인 딸이 예수님을 사랑하지 않는다고 말했을 때 문자 그대로 가슴에 사무쳤다. 나는 며칠 밤을 통곡하면서 주님께 기도했다. 소통 능력이 뛰어나다고 인정받는 나였지만 정작 내가 낳은 자식조차 예수님을 사랑하게 만들 수는 없었다. 올바른 길을 가르칠 수는 있어도 죄를 뉘우치게 할 힘은 내게 없었다.

나는 기도했다. "하나님, 아이에게 성령을 보내주십시오. 제가 좋은 아빠라는 건 중요하지 않습니다. 저로서는 딸을 살릴 수 없습니다."

어느 날 딸은 내 방에 찾아와 말했다. "아빠 말이 맞았어요. 내 안에는 성령이 계시지 않았어요. 하지만 지금은 계세요." 이제는 하나님과 가깝게 지내고 있고 모든 게 변했다고 말했다. 아내와 나는 아직 확신할 수 없었다. 우리는 변화의 증거를 보고 싶었다. 그 후 몇 달 뒤에야 나는 아이가 진정 새로운 피조물이 되었다고 믿을 수 있었다. 내가 한 일은 없었다. 성령이 하신 일이었다.

나로서는 빨리 변화를 봐야겠다는 욕심에 이끌려 성령의 역할을 가로채고, 사람들을 강요하고 조종해 내가 원하는 결과를 확인하려는 마음을 버려야 했다. 대신에 성령께서 오셔서 그들의 삶을 바꾸시고 거듭나게 하시도록 더 많이 기도해야 했다.

내 손으로 수고한 결과에 대해서도 어찌할 수 없다면 사역과 설교 준비, 프로그램 같은 것이 무슨 소용일까? 우리의 수고로 사람들이 바뀔 수 있다고 믿기 때문에 결과가 좋지 않으면 그런 수고가 무익해 보이는 것이다. 열 시간을 더 투자하면 모든 설교를 꼼꼼하게 점검할 수 있겠지만 그 시간을 사람들에게 복음을 나누고 기도하는 데 쓰는 편이 훨씬 더 낫다는 생각이다.

오해하지 않았으면 한다. 나도 열심히 말씀을 탐구한다. 성경이 그렇게 가르치기도 하지만, 올바른 가르침을 전하고 싶기 때문이다. 우리는 "주께 하듯이" 열심히 일해야 하지만 그러한 열심은 신학의 지침에 따라야 한다. 설교 준비를 얼마나 하고 성령의 역사를 위해 얼마나 기도해야 하는지는 성령의 인도를 받아야 한다.

성령의 역사가 아니라 우리의 노력으로 세운 교회는 사람들을 채근하고 재우치지 않으면 금세 무너진다. 물론 우리는 그리스도를 사랑하고 성령을 신뢰하도록 성도들을 설득해야 하지만 더 많은 프로그램에 참여해 더 열심히 하라고 강요해서는 안 된다. 다만 성령의 역사를 위해 더 많이 기도하고 하나님께 일꾼을 보내달라고 간청해야 함을 배웠다.

성경을 읽을수록 하나님이 역사하지 않으시면 아무 일도 일어나지 않는다는 사실을 절실히 깨닫는다. 예수님은 '자신'의 교회를 세우고 계신다. 나는 그 일에 동참하고 싶을 따름이다. 내가 할 일은 계속하겠지만 열매는 그분의 손에 달려 있다. 우리는 이렇게 기도할 뿐이다. "제발, 제발, 제발 성령의 역사를 보길 원합니다. 급하고 강한 바람과 같이 역사하소서."

이것을 파도타기에 비유해보자. 서핑하면서 해변에서 좀 멀리 나갔는데 파도가 전혀 일지 않을 때가 있다. 손으로 노를 젓고 싶지는 않기에 "하나님, 해변으로 돌아갈 수 있게 멋진 파도를 일으켜주세요" 하고 기도한다. 나는 파도를 만들 수 없고, 친구들을 향해 물장구를 쳐서 파도를 보내달라고 부탁할 수도 없다. 기도하는 수밖에. 우리는 힘이 없다. 교회와 인생에서 나는 때때로 무력함을 느낀다. 우리가 파도를 일으킬 수 있을 것 같지만, 실제로는 철저히 성령께 의지해야만 한다.

우리가 할 일은 성경대로 사는 본을 보이는 것

어쩌다 보니 대형 교회의 목사가 되었다. 많은 사람이 모여서 찬양하는 모습은 정말 근사하지만 그게 성령의 역사를 보여주는 것은 아니다. 열정적인 음악이 성공의 증거였다면 우리는 더 많은 돈을 투자해 훌륭한 뮤지션과 예배 인도자들을 섭외했을 것이다. 하지만 우리 당회는 그것을 성공으로 여기지 않는다. 하나님도 마찬가지다.

하나님의 눈으로 볼 때 성공이란 사람들이 서로 깊이 사랑하고 돌보면서 서로의 생활 속으로 깊이 들어가며 가진 것을 통용하고 사회에 복음을 전하는 것이다. 그들은 예수님을 온전히 따르는 제자들인가? 변화가 일어나고 있는가? 자기를 뛰어넘어, 사명을 지닌 더 큰 몸의 일부라는 것을 알고 있는가? 우리가 할 일은 되도록 많은 사람들을 교회로 끌어모으는 것이 아니다. 우리가 할 일은 성경대로 사는 본을 보이는 것이다.

설교를 영상으로 대체하면서 예배 시간을 신설할지, 아니면 내가 빠지고 누군가를 세울지를 결정해야 하는 회의가 있었다. 한 장로는 나에게 이렇게 물었다. "더 생산적인 사역을 하고 싶지 않으세요? 성경에도 나와 있고요. 우리가 가진 벽을 뛰어넘는 일이요. 목사님도 거기에 만족하실 것 같은데요?" 그의 말이 전적으로 옳았다. 한 사람이 모든 일을 하는 것보다 다른 일꾼들에게 리더십을 맡기는 것이 더 성경적이다. 우리는 그 자리에서 가정 모임에 더 집중하기로 결정했다.

우리는 의도적으로 지역별 모임을 만들었다. 교회에서조차 마음이 맞고 관심사가 비슷한 사람들끼리 모이곤 하는데 그것은 성경적이지 않다. 우리는 자신과 완전히 다른 사람들을 사랑하라는 부르심을 받았다. 빌레몬과 오네시모를 생각해보라. 그리스도 안에서 가족이 된 자매가 옆집에 살고 있다면 그녀와 공통점이 없더라도 하나님은 당신이 그녀를 사랑하길 바라신다. 그리스도의 몸이 아름다운 이유가 여기에 있다. 우리는 성도들이 이웃들과 더불어 그런 관계를 누렸으면 했다.

우리는 장로들을 가정 모임에 배치하고 양육을 맡겼다. 아직 가정 모임이 없는 지역에는 그 지역에 사는 장로를 리더로 세웠다. 리더들은 가정 모임을 지도할 장로가 없는 지역으로 가겠다고 자청하기도 했다.

교인들은 가정 모임을 정말 좋아한다. 예전의 교회생활로 돌아갈 수 없다고 말하는 사람들도 있다. 하지만 이런 변화를 아직 받아들이지 못하는 사람들도 있다. 그들을 탓할 일은 아니다. 아주 오랫동안 한 가지 교회 형태만 가르쳤으니 즉각적인 변화를 기대할 수는 없다. 그래서 당분간은 일요일 예배 모임을 전환기로 삼아 교우들이 소규모 가정 모임에 참석하도록 꾸준히 지도할 계획이다.

사역의 초점을 가정 모임에 맞추자 교인들 다수가 모이는 일요일 예배 참석에 대한 강제성은 조금 줄어들었다. 훗날 어쩌면 전 교인이 한꺼번에 모이는 예배 모임은 사라질지도 모르겠다. 언젠가는 그래야 할지 모르지만 지금은 때가 아니다. 언젠가는 하나님이 코너스톤 교회를 본보기로 삼아 다른 교회와 목회자들도 이런 목회 방식을 따르게 하실지 모르겠다.

전부를 걸지 않으려면 아예 시작하지도 말라

일부 목사들은 우리의 사역 방식을 좋아하지 않는다. 기도를 강조하고 교인들에게 깊은 헌신을 요구하며 대규모 예배 모임을 중시하지 않는다면 교회 조직이 무너질 수도 있다고 우려한다. **하지만 사람들을 되도록 많이 모으는 것이 우리의 사명은 아니다. 우리 사명은 성경적으로 귀감이 되는 것이다.** 장로들과 나는 그렇게 되기 위해 힘쓴다. 그것 때문에 사역을 시작했다. 하나님의 말씀을 읽다 보니 사람들이 거룩하게 살지 않는다는 것을 깨닫게 되었고 이런 그들을 돕고 싶어서 이 사역에 뛰어들었던 것이다. 우리는 인기를 얻기 위해 경쟁하지 않았다(아니었길 바란다). 사람들이 많이 떠날 수도 있다. 성도들이 적어서 생계에 지장이 생길 수도 있다. 그런 것이 진짜 시험이겠지만 포기해서는 안 된다.

　우리 교회 초기에 듣기 거북하고 죄를 지적하는 불편한 설교를 전한 적이 있었다. 예배 담당 목사가 나에게 물었다. "다음 주일에 사람들이 다시 올까요?" 그는 심각했다. 하지만 희한하게도 그다음 주일에 사람들이 가장 많이 몰려왔다.

　물론 화를 내며 떠나는 사람도 있다. 가슴 아픈 일이다. 하지만 예수님을 보라. 헌신할 준비가 안 된 사람들은 아무렇지도 않게 돌려보내셨다. 전부를 걸지 않으려면 아예 시작하지도 말

라. 이것이 내가 아는 성경의 가르침이다. 우리는 자기에 대해 죽으라고 부르심을 받았다. 그것은 완전한 죽음이며 또한 순종을 뜻한다.

나는 사람들에게 말한다. "우리 교회에 와서 이것저것 배우는 것은 좋습니다. 하나님은 선하시고 그 무엇과도 비교할 수 없는 분이심을 알게 되길 기도합니다. 그리고 그 사실을 알았다면 그때는 생명을 드려 예수님을 따르길 바랍니다." 예수님을 따르는 삶은 마치 결혼생활과 같다. 결혼했다면, 인생이 잘 풀리든 안 풀리든 서로에게 평생 헌신해야 한다. 그렇게 헌신할 준비가 되어 있지 않다면 결혼해서는 안 된다.

그런 요구 때문에 우리는 바리새인과 같다는 비난을 종종 받는다. 심지어 컬트(cult)가 되어가는 것 아니냐는 비난도 듣는다. 컬트는 자기들이 믿는 바에 지나치게 헌신하는 무리들을 일컫는 말이다. 그런 정의에 따르면 예수님도 컬트를 이끄셨다. 오늘날 몰몬교도들은 기꺼이 자전거를 몰며 마을을 돌고, 여호와의 증인들은 대문을 두드리지만 대부분의 그리스도인들은 아무것도 하지 않는다. 지금까지 기독교는 있으나 마나 한 제자도를 오랫동안 가르쳐왔고 이제 사람들은 그런 것이 기독교라고 생각한다. 하지만 성경은 이런 기독교에 대해 아는 바가 없다.

솔직히 고백하자면 나도 포기하고 싶을 때가 많았다. 친구들이 떠나고 우리를 지지하던 사람들이 신랄한 비판자들로 돌아설 때면 정말 고통스러웠다. 정말 외롭다. 동역하는 리더들이 공격받기 시작하면 힘들어진다. 나는 이 리더들을 사랑하기 때문에 그들을 철저히 보호하고 싶다. 교회를 깊은 헌신으로 이끄는 일은 결코 쉽지 않다. 때로 고역스럽다. 하지만 말씀으로 눈을 돌리면 이것 외에는 달리 방법이 없다는 것을 깨닫는다. 그러면 마음이 편해진다.

아직 헌신할 준비가 안 된 사람이 떠날 때 우리는 늘 자신의 마음을 점검하고 그를 사랑으로 대해야 한다. 초기에 사람들이 교회를 떠나기 시작했을 때 우리는 그들에게 사랑과 긍휼을 보이지 못했다. 사람들이 떠나는 것을 마치 우리의 승리인 양 착각했다. 그런 교만했던 모습을 생각하면 마음이 아프다. 지금도 떠나는 사람을 보면 늘 힘들다. 앞으로도 이런 일은 그치지 않겠지만, 그럼에도 불구하고 그리스도인이라면 온전히 헌신해야 한다는 진실을 계속 가르칠 수밖에 없다.

12장

다니엘의 길로 가라

타락한 세상에서 순결을 외치다

마크 부캐넌

요나는 내가 좋아하는 예언자이다. 그와 나는 닮은 점이 많다. 나는 대머리이다. 요나 역시 대머리였을 것이다. 안 그랬다면 그늘이 없네, 햇볕으로 머리가 뜨겁네 하며 유난을 떨 이유가 있었을까? 나는 키가 작다. 요나 역시 키가 작았을 것이다. 땅딸막하고 단단한 체구에, 못이 들어 있는 폭탄처럼 짜증을 잔뜩 냈을 것이다. 요나는 편안한 것을 좋아하고 방해받는 것을 싫어했다. 내 성향도 비슷하다. 그는 소유욕이 강하고, 회피하고, 방어적이며, 집착이 강했다. 나도 그런 면이 있다.

요나는 내가 싫어하는 예언자이다. 꼭 나를 보는 것 같기 때문이다. 나는 다니엘처럼 지혜롭고 이사야처럼 정의로우며 에스겔처럼 신실한 사람이 되고 싶다. 엘리야처럼 용감하고 예레미야처럼 참을성 있으며 스가랴처럼 멀리 볼 줄 아는 사람이 나는 좋다. 왕을 밀어내고 말 한마디로 가뭄과 비를 부르며, 말보다 빨리 달리고 벼락 같은 재앙과 만나와 같은 축복을 내리는 사람이 되는 게 꿈이다.

하지만 얄궂게도 나는 요나를 닮았다.

내 걱정은 여기에서 그치지 않는다. 교회도 요나를 닮았기 때문이다. 내가 목회하는 교회만 그런 것이 아니라 교회 전체가 그렇다. 특히 북미에 있는 교회가 그렇다. 우리는 하나님을 슬슬 피하고 이방인들에게는 분노하면서 독선으로 흐른다. 고상한 척하고 편안한 것을 좋아하면서도 우리의 평안을 위협하는 대상은 누구든 무엇이든 적대시한다. 요나와 똑같다.

아직 절반밖에 말하지 않았다.

교회는 또한 에스더를 닮았다. 문화에 맞서기가 두려워 자신의 정체를 꼭꼭 숨기고 내부자 신분으로 살던 시절의 에스더 말이다. 우리는 남들과 비슷하게 살고 싶어 한다. 더했으면 더했지 덜하지는 않다. 독특하게 사는 것을 무서워한다. 이교도 왕의 사랑을 차지하는 일이라면 어떤 일도 마다하지 않으면서.

요나는 간섭을 싫어하고 모든 사람이 지옥에 떨어져도 눈하나 깜짝하지 않을 사람이다. 에스더는 정체성을 순순히 버리고 그저 세상에 맞춰 살아가고 싶어 한다. 요나와 에스더 사이에서 하나님 나라는 늘 뒷전이다.

요나와 이스라엘은 꼼짝없이 앗수르(아시리아)의 포로로 잡혀갈 상황이었다. 요나는 그렇게 위협하는 민족에게 가서 메시지를 전하는 자로 부르심을 받는다. 에스더와 동족 이스라엘은 바사(페르시아) 제국에 유배된 처지였다. 이런 상황에서 에스더는 유배지에 사는 자신과 동족을 멸하려는 사람들에게 맞서라는 부르심을 받는다.

두 이야기는 이방 문화 속에서 살아가는 하나님의 백성에 관한 것이다. 그 문화는 광범위한 영향력을 발휘하고 고혹적이며 우리를 은근히 억압한다. 또한 하나님으로부터 크게 벗어나 있을 때가 많다. 그런 문화 안에서 살아가는 하나님의 백성은 어떤 태도로 살아가야 하는지를 보여준다. 두 이야기를 통해 그와 같은 시기에 영적이고 윤리적인 문제를 어떻게 다룰 수 있을지 생각해보자.

요나의 길: 심판을 원하는 교회

요나는 비난을 선택한다. 그는 자신의 문화를 위협하는 타문화를 싫어한다. 요나의 태도는 "우리를 내버려 둬. 그렇지 않으면 저주를 받을 거야"라는 식이다. 그는 자신의 구별됨을 자랑스러워한다. 함께 탑승한 배의 선원들에게는 뽐내며 이렇게 말했다. "나는 히브리 사람이오. 하늘에 계신 주 하나님, 바다와 육지를 지으신 그분을 섬기는 사람이오"(욘 1:9). 정작 자신은 그 배를 타고 하나님을 피해 달아나는 중이었는데도 말이다.

요나에게는 자신의 특권을 나누고 싶은 마음이 조금도 없었다. 하나님이 앗수르의 수도 니느웨 시민들에게로 가서 그들의 악행을 고발하라고 말씀하시자 요나는 도망친다. 그들이 어떻게 되든지 관심 밖이었다. 하지만 하나님이 놓지 않으시자 요나는 마지못해 니느웨로 가서 멸망을 선언한다. 그런 다음 고소해하며 그들의 멸망을 기다린다. 요나가 성의 없이 선포한 말씀을 듣고 니느웨 시민들은 회개했고, 하나님은 자비를 베푸셨다. 이에 요나는 발끈하여 하나님께 대든다. 사실 요나는 하나님이 그들을 용서하실 것임을 처음부터 알고 있었다. 그는 못마땅한 마음으로 자기연민에 빠진다.

이방 문화에 대한 요나의 태도는 교회가 오랫동안 고수했던 태도와 거의 같다. 이방인들을 피하라. 피할 수 없다면 저항하라. 달라지지 않는 현실을 개탄하라. 하나님의 심판을 청하라. 불순종하는 자들이 천벌받는 것을 상상하며 즐거워하라. 그러는 동안 되도록 편안하게 앉아 있어라. 그런데도 하늘의 심판이 내리지 않는다면? 골을 내라. 그것도 팍팍!

여기서 일부 보수적인 교회가 동성애자들을 대하는 태도에 대해 생각하지 않을 수 없다. 나는 캐나다에 살고 있다. 얼마 전 캐나다 정부는 국민 대다수의 기대를 저버리고 동성 결혼 합법화를 밀어붙였다. 합법화 몇 달 전, 나는 이 문제를 전면에 내세운 도시 기도회에 참석했다. 감정은 격렬했다. 예상했던 일이지만 기도회의 어조에 자못 놀랐다. 그들은 강경하고 심술궂고 독선적인 요나와 같았다. 사람들은 하나님의 보복이라는 주제에 금세 열광했다. 인도자들은 사람들의 상상력을 자극하는 생생한 언어를 사용했다.

여기에는 전술적인 문제와 영적인 문제가 있다. 우리는 영적인 음식을 가려서 먹어야 한다. 폭력은 극심한 고통을 부른다. 하지만 이런 전술로는 하나님 나라의 혁명을 일으킬 수 없다. 이 문제에 대해 교회는 마가복음 2장에 나온 친구들처럼 하나님께 도우심을 구해야 한다. 예수님이 집 안에 계신다는 것을 알게 되자 중풍병 환자의 친구들은 병든 친구를 안으로 들이기 위해 지붕이라도 걷어낼 마음이었다.

남자 동성애자들과 이야기를 나누면서 그들이 그리스도인들을 어떻게 생각하는지 물었던 적이 있다. 고집불통이다, 화를 낸다, 편협하다, 미워한다, 무섭다… 일반적으로 그들은 우리를 이렇게 생각한다(우리도 어느 정도는 안다). 나도 그들의 말에 과장된 면이 있음을 인정한다. 하지만 그날 도시 기도회는 동성애자들의 평소 인식과 거의 동일한 모습을 보여주었다.

요나는 심판 외에는 아는 것이 없었다. 그는 하나밖에 몰랐다. 하나님 나라에서 심판은 초대와 맞물려 있고 대개 깊은 비탄을 동반한다("오, 예루살렘아, 예루살렘아…"). 심판은 현실이다. 함부로 다룰 일이 아니다. 하나님의 진노는 모든 불경건한 것과 불의한 것에 임한다.

그러나 하나님의 친절은 사람을 회개로 이끈다. 교회의 선교 역할은 이방인들이 성도들의 옷자락을 붙잡고 "우리가 너와 함께 가겠다. 하나님이 너희와 함께 계신다는 말을 들었다"(슥 8:23)라고 말하는 날에 정점을 찍을 것이다. 그렇게 되려면 교회는 친절을 베풀어야 한다. 하나님은 모든 사람을 풍성한 은혜로 초대하는 일을 가장 원하신다면 어쩔 것인가?

하지만 요나는 그런 것에는 관심이 없다. 원수의 회개도 원하지 않고, 원수가 시온의 노래를 부르며 교회에 오는 것도 바라지 않는다. 그들이 대가를 치르고 고통을 당하길 바란다. 요나는 자비가 아니라 심판을 원한다.

요나의 도덕적 도그마 때문에 그의 신학적 이중성이 슬며시 가려진 셈이다. 도그마는 대개 그런 식이다. 니느웨 사람들뿐 아니라 하나님을 대하는 요나의 태도 역시 신중하며 마뜩잖다. 그는 하나님을 안다고 자랑하지만 그분과의 관계에서 자신을 온전히 드러내지 않는다. 그는 하나님이 선민에게는 엄격한 반면 원수들에게는 지나치게 너그럽다고 느낀다. 그가 보기에 하나님은 적당히 편애할 줄을 모르시는 분이다.

요나 같은 교회의 속마음도 이런 것이 아닐까 싶다. 분노와 비난은 하나님을 향한 불안을 감추는 가면인지도 모른다.

"의심을 감추려고 광신을 따른다." 작고한 어느 캐나다 출신 소설가의 말이다. 우리는 바리새인들에게서 비슷한 신학적 궤적을 찾아볼 수 있다. 그들은 자신이 시작한 일이 아니면 무엇이든 반대했다. 하지만 예수님은 그들의 문제가 하나님과의 관계가 어긋난 데에서 비롯되었다고 지적하셨다. 자기들의 의심을 가리려고 과잉 보상하였다는 것이다.

요나는 문화를 정죄하고 싶어 한다. 문화가 파괴되는 것을 기뻐할 사람이다. 문화를 개선하고 회복하면 하나님의 선하심을 공유할 수 있다는 생각은 요나에게 저주나 다름없다. 그는 주님의 선하심을 직접 맛본 적도 느껴본 적도 없기 때문에 어느 누구를 초청해서 그것을 같이 누리자고 권할 생각을 하지 못한다.

하지만 이것은 문제의 절반에 불과하다. 나머지 절반을 보려면 각성하기 전에 에스더가 어떠했는지 봐야 한다.

에스더의 길: 문화에 순응하는 교회

이방 문화 앞에서 에스더는 요나와 정반대로 반응한다. 요나는 문화를 회피하고 왜곡하며 정죄하는 반면, 에스더는 순응하고 수용하고 칭찬한다. 초기의 성경 해설가들과 주석가들은 에스더 (그리고 당시의 유대인 사회)를 반(半)이교도가 된, 타협한 교회의 한 형태로 보았다. 현대 학자들은 성경을 모형론(typology, 구약의 사건, 인물, 제도 등이 그리스도의 생애와 사역을 통해 성취될 것을 미리 보여주는 모형이라고 보는 해석학—편집자)에 입각해 해석하지 않는 추세이지만, 적대적인 문화 안에서 자신을 맞춰가야 했던 에스더의 사례는 우리에게 시사하는 바가 크다.

에스더는 문화가 요청하는 것은 무엇이든 따르려고 한다. 왕비로서 유행하는 드레스를 입고, 새로운 흐름은 군말 없이 받아들인다. 남들과 같아지고 싶어서다.

이와 관련하여 여러 주류 교회를 생각하지 않을 수 없다. 얼마 전 캐나다에서 동성결혼 논란이 일어났을 때 모든 교단은 시대정신을 따랐다. 그들은 이방 왕의 눈에 아름답게 보이고 싶어

했다. 심지어 캐나다 성공회는 대세에 따르지 않는 교회들을 배척하고 성직을 박탈하기도 했다. 이런 교단의 지도자들은 교회가 이러한 성 문제에서 문화적 흐름에 동조하지 않으면 중세로 역행하는 것으로 생각한다. 시위대는 소리친다. "지금은 새 천년이다, 우리는 시대의 흐름에 따라야 한다."

요나와 신학적으로 비슷한 부류가 바리새인이라면 에스더는 사두개인에 가깝다. 그들은 믿음보다 편의를 앞세운다(또는 이 둘을 동등하게 취급한다). 저들이 생각하기에 가장 나쁜 죄는 지배적인 문화가 내세우는 가치를 받아들이지 않는 것이다. 최신 트렌드와 그것이 주는 축복을 되도록 빨리 누리는 것을 최대의 목표로 삼는 이유도 여기에 있다.

마침내 에스더는 각성한다. 자신이 순응하기 위해 그토록 애썼던 문화 안에 에스더 자신과 동족들을 죽이려는 복병이 숨어 있었음을 깨달은 것이다. 에스더는 슬기와 용기로 무장하고 유배지에서 새로운 삶의 방식에 따라 살아간다.

하지만 그런 일이 있기 전에는 이방 문화에 흠뻑 빠져 살았다. 그 문화에 맞서거나 혜택을 거절하는 일은 있을 수 없었다. 에스더 역시 간섭받기를 싫어했다.

요나와 에스더는 오늘날 가치관과 문화에 대해 교회가 취하는 두 가지 반응을 대표한다.

회피하고 비난하든지, 수용하고 칭찬하든지.

내가 일하는 교회에는 이 두 가지가 공존한다. 얼마 전 나는 설교를 하면서 그리스도인이 '신성한 결혼'의 의무를 다해야 할 곳은 법정이 아니라 가정이라고 말했다. 그러면서 복음주의 그리스도인들의 이혼율 통계를 인용했다. 세상과 다를 바 없었다. 보수적인 교회에서 빈번하게 일어나는 가정 폭력에 대해서도, 교회에 출석하는 부부 사이에 널리 만연한 불화에 대해서도 이야기했다. 보이지 않는 역병처럼 번지는 인터넷 포르노 때문에 부부간의 애정이 시들어가는 현상도 말했다.

몇몇은 보무당당하게 나를 찾아와 따졌다. 교회 안에서 일어나는 문제에 참견하지 말고 세상에서 일어나는 문제나 제대로 비판하라는 말이었다.

요나다.

복음주의자들의 혼전 성관계에 관한 통계는 세상과 그다지 차이가 없다. 내가 이런 사실을 말하면 몇몇은 나를 붙들고 그것이 뭐 그리 대수냐고 따진다. 더 중요한 문제들이 있지 않은가? 그래, 아이들이 이불 밑에서 장난 좀 쳤다. 그게 뭐 어때서 그런가? 우리 눈앞에는 지구 온난화라는 위기가 닥쳤고, 아마존 우림이 사라지고 있으며, 향유고래가 멸종 위기라는데, 왜 그런 일로 호들갑인가? 얼마 전에는 이런 일이 있었다. 우리 교회에 다니는 한 여학생의 부모였는데 자기 딸에게 피임약을 꼭 먹으라고 했다고 한다. 아이는 부모를 앉혀 놓고 자기는 결혼 전까지 남자와 잠자리를 같이할 생각이 전혀 없다고 분명하게 밝혔다. 부모는 말도 안 되는 소리라며, 어쨌든 피임약을 먹으라고 재우쳤단다.

에스더다.

다니엘의 길로 가라

대안은 없는가? 이런 시대에는 다니엘이 가장 좋은 본보기다. 그는 에스더와 요나의 양극단 사이에 있다. 다니엘은 에스더처럼 바벨론과 페르시아에서 유배 생활을 했다. 사람들은 평소에는 그의 신앙에 별 관심이 없다가도 신앙을 이유로 자기들에게 협조하지 않으면 금세 위협적으로 변했다. 다니엘은 문화에 대한 자기 입장을 정해야 했다. 양심을 거스르지 않고도 할 수 있는 일은 무엇인가? 아무리 위험하더라도 할 수 없는 일은 무엇인가?

다니엘은 요나의 불친절하고 교만한 방식도, 그렇다고 에스더의 수줍은 듯 순응하는 태도도 취하지 않았다. 그는 단순하지만 분명했고, 조용하지만 빈틈이 없었다. 이방의 교육 제도나 정치 체제, 이방 신 들의 이름을 사용하는 관습 따위는 문제 삼지 않았다. 다니엘은 그들의 학교에 가고, 그들의 정부에서 일하고, 이방 신의 이름을 받아 사용했다.

하지만 한 가지만은 금기였다. 왕의 음식만은 받지 않았다. 다니엘은 왕이 하사한 음식에는 손도 대지 않았다. 음식 자체에는 문제가 없었다. 다만 이방 신에게 바친 음식이란 게 문제였다. 그 음식을 먹는다는 것은 순종을 뜻했다. 경배를 뜻했다. 왕의 기름진 고기와 소스와 와인과 디저트를 먹느니 익히지 않은 채소를 먹는 편이 훨씬 더 나았다.

다니엘과 친구들은 채소를 먹으며 겨우 연명하는 정도가 아니었다. 그들은 날로 아름답고 윤택해졌다. 결국 같이 교육받던 다른 청년들보다 더 건강해지고 눈빛은 더욱 빛났다.

똑같은 내용을 배우더라도 믿음을 버리지 않고 더 똑똑해질 수 있다. 정부에서 일하더라도 근면과 정직으로 하나님께 영광 돌릴 수 있다. 때로는 잡신들의 이름을 쓰더라도 우리의 믿음은 끄떡없다(내 이름 '마크'는 '전쟁의 신'이라는 뜻이다).

하지만 왕의 음식만은 먹을 수 없다. 이 시대에 왕의 음식은 과연 무엇인가? 우리 문화에서 하나님의 사람들을 파괴하는 요소는 무엇인가?

대표적인 것이 성윤리다. 세상 문화는 순결을 모른다. 늘 도덕을 들먹이는 요나 같은 교회는 사실상 별 도움이 되지 않는다. 순결과 도덕의 차이는 친밀한 사이와 단지 아는 사이, 사랑과 관용, 일치와 평등이 서로 다른 것만큼이나 크다. 순결은 더욱 고귀할 뿐만 아니라 전혀 다른 범주에 속한다.

멸균처리한 물, 염소로 소독한 물, 요오드 한 방울을 떨어뜨린 물을 마시고 싶어 할 사람은 아무도 없다. 깨끗한 식수가 갈증을 해소한다. 우리는 도덕이 아니라 순결에 대해 설교해야 한다.

다니엘은 순결을 선택한다. 그는 우상에게 바친 음식으로 자신의 몸을 더럽히지 않는다. 다니엘의 이야기가 주는 명확한 교훈은 이것이다. '이교도 왕의 마음을 얻는 유일하고 참된 방법은 순결이다.' 다니엘이 가는 곳마다 하나님이 참된 신으로 드러났다. 왕은 인정할 수밖에 없었다.

우리 교회에서는 청년들을 도덕의 길이 아닌 순결의 길로 이끈다. 우리는 그들에게 다니엘이 되라고 가르친다. 청년들은 수척해지기는커녕 무럭무럭 성장한다.

최근에 나는 에스더 같은 교회에 와서 예배에 대한 일일 세미나를 맡아달라는 부탁을 받았다. 평소에 그런 부탁을 많이 받지 않기 때문에 조금 놀랐다. 나를 초대한 목사는 자기 교회 교역자 대부분이 나를 탐탁지 않게 보며, 대놓고 적대하는 사람도 있다고 귀띔했다. 한 동료 목사는 그에게 전화해, 복음주의자들은 죄다 혼혈이라고 욕하면서 "대체 그 사람이 우리와 같은 점이 뭐야?"라며 따지기도 했다.

"직접 와서 보는 게 어때?" 세미나를 주최한 목사가 말했다.

나는 십 대 후반, 이십 대 초반의 예배 리더와 무용팀을 데리고 그 교회로 갔다. 세미나 등록 인원은 소수에 불과했다. 작은 예배당인데도 사람들은 드문드문 보였다. 나를 미워한다는 그 사람을 만난 적은 없었지만 예배당에 들어오는 순간 알아볼 수 있었다. 들어오는 모습이 맹수를 잡는 사냥꾼 같았다. 그는 자리에 앉아 마음에 빗장을 치는 것처럼 팔짱을 꼈다. 같이 일어나 찬양하자고 했지만 미동도 하지 않았다. 그는 전면에 비친 가사를 면밀히 살폈다.

점심 식사 후 세미나가 열렸다. 무용가들은 기초 안무를 가르쳤다. 연주자들은 기초 작곡을, 나는 기초 예배 신학을 가르쳤다. 그 남자는 내가 가르치는 모임에 참석했다. 그는 내 옆에 앉아 싸우고 싶어 안달이었다.

십 분 뒤 그는 폭발했다. 한 여자가 주류 교회가 복음을 오염시켰다고 말하자 말다툼이 시작됐다. 그는 복음주의가 자행한 범죄를 열거했다. 언쟁이 고조되자 주최한 목사가 끼어들었다.

"자자." 그는 온화한 태도로 말했다. "주류 전통은 어쩌면 교회학은 좁고 신학은 널리 관용하는 것 같습니다. 반면에 복음주의 전통은 신학은 엄격하게 좁지만 교회학은 느슨한 것 같습니다."

잠시 침묵이 감돌았다. 나는 기회를 놓치지 않았다. "여기 목사님들이 계세요?" 몇 사람이 손을 들었다. 그 남자도 손을 들었다.

"한 가지 물어봅시다. 저와 같이 이곳에 온 우리 교회 청년들이 마음에 드세요?"

남자를 포함해 모두 그렇다고 말했다.

"여러분의 교회에도 이렇게 열정적이고 하나님을 사랑하며 헌신하는 청년들이 많이 있습니까?"

모두들 별로 없다고 말했다.

"여러분 교회에도 이런 청년들이 있었으면 좋겠습니까?"

모두 그렇다고 말했다.

"죄송한 말씀이지만 여러분의 교회에 이런 청년들이 없는 것은 정확히 말하면, 널리 관용하는 여러분의 신학 때문입니다. 그런 신학으로 인해 우리 청년 또래의 3분의 1이 낙태합니다. 죄송한 말씀이지만 그런 신학 때문에 이 세대로부터 친밀감과 희망을 약탈해가는 성윤리가 탄생합니다. 그런 신학 때문에 청년들은 교회를 떠났습니다.

제 의견을 말씀드릴까요? 여러분의 교회에서 이런 청년들이 있기를 정말 간절히 바라신다면, 그리고 교회 의자만 달구는 청년들이 아니라 지도자로 활약하는 청년들을 원하신다면 관용의 폭을 줄이셔야 합니다."

나는 우리 교회 청년들에게 도덕을 가르치지 않는다고 말했다. 우리는 그들에게 순결을 가르친다. 우리는 그들에게 다니엘이 되라고 당부한다.

"여러분은 변화를 직접 목격하시게 될 겁니다."

나를 미워하는 남자를 쳐다봤다. 괴로워하는 것 같았다. 그가 나를 더 미워할 것이라고 생각했다. 중간에 아예 밖으로 나가버린 줄 알았다. 하지만 놀랍게도 그는 마지막 시간에 돌아왔다.

기쁘게도 함께 일어서서 찬양했다. 그는 팔짱을 풀고 단비를 모으듯 두 손을 오므리고 있었다. 그렇게 "오 신실하신 주"를 함께 불렀다. 그는 진심으로 찬양했을 것이다.

그렇게 다니엘은 사람들을 변화시킨다.

13장

사랑받은 대로 사랑하기

그러면 문제는 해결된다

마크 래버튼

복음을 리마 콩 한 접시 정도로 여기는 사람이 왜 이렇게 많을까? 그리스도 예수의 은혜와 진리를 확실히 믿는 사람들은 이런 질문을 받으면 신성모독까지는 아니더라도 얼토당토않다고 여길 것이다. 하지만 이 세계화 된 세상에 넘실거리는, 온갖 양념을 버무린 퓨전 음식들에 비하면 예수님은 싱겁고 맛없는 음식처럼 보인다. 복음은 편협하고 말랑하고 밍밍하다는 사람이 많다. 이처럼 다양한 세상에서 깔때기처럼 똑같은 대답만 해대는 것을 못마땅해한다. 게다가 그들은 복음의 확실한 증거를 본 적이 거의 없다.

　"세상의 소망"이자 "모든 이름 위에 뛰어난 이름"을 지닌 분이 어떻게 그렇게 보이느냐며 멈칫하는 사람도 있을 것이다. 교회가 밍밍하기 때문이다. 창백하고 고분고분하고 활기가 없다. 그저 그렇다. 교회라는 덩굴에서 나는 열매는 기껏해야 리마 콩 같다. 교회가 밍밍하다면 교회의 주인이라는 분도 밍밍할 것으로 생각한다.

교회 안팎으로 이런 무기력한 예수님의 이미지를 좋아하는 추종자가 많다. 예수님이 이렇게 밍밍한 존재가 된 것은 사람들이 사회적, 정치적, 경제적, 영적으로 그분을 '길들여왔기' 때문이다. 여기서 더 나가면 광신이 되고, 종교적 광신은 현재의 문화에서 환영받지 못한다. 교회에서 눈에 띄게 나부대는 사람들을 보면 참기 어렵다. 광신이란 말을 듣는 것보다 차라리 밍밍하다는 조롱을 받는 게 더 낫다.

예수님의 본과 가르침을 너무 진지하게 받아들이지 말라는 사람들도 있다. 조목조목 따지고 들면 종교적 독설을 양산하고 전쟁이 일어날 공산이 크다는 것이다. 예수님은 그저 3,000미터 정도 떨어져 봐도 충분하다. 마치 구글 어스로 지도를 보듯 예수님을 보면 그분의 인생과 가르침에서 아주 특징적인 부분만 보인다. 아주 가까이 가지 않아도 되고 심각하게 받아들여야 할 것도 없다. 그런 예수님은 막연한 흥미는 주겠지만, 이도 저도 아닌 밍밍한 존재가 되어 사람들의 관심에서 점차 잊혀진다.

그러나 창조주요 구원자이자 완성자이신 예수 그리스도는 교회를 세상의 소금과 빛으로 부르셨다. 예수님은 하나님 나라가 가까웠다는 것을 보여주는 공동체, 곧 희생적인 사랑을 아낌

없이 행하고, 박해받는 사람들에게 정의가 실현되는 일을 위해 자발적으로 불편을 감수하며, 소외된 사람들을 창의적으로 섬기는, 활발하고 희생적인 일에 헌신하는 공동체를 염두에 두셨다.

하지만 우리가 세상에서 어디를 보느냐에 따라 교회의 행방은 달라진다. 우리는 불타는 떨기나무에서 말씀하시는 하나님을 찾기보다 팟캐스트로 예배 실황을 보여줄 것인지 말 것인지를 두고 벌이는 설전에서 더 짜릿함을 느낀다. 우리는 우상 숭배로 인해 위기에 처한 자들을 건져내시는 하나님을 만나기보다는 자신이 좋아하는 잡신들을 잡다하게 그러모아 제 인생을 꾸미기에 바쁘다. 우리는 가난한 사람들을 위해 정의를 행하시는 하나님을 따르기보다 자신의 정당한 몫을 달라고 주님께 요구한다. 세상은 거침없는 혼란에 빠져 있는데 밍밍한 교회는 밍밍한 하나님을 믿고, 기껏해야 지루하고 재미없고 별스러운 일만 하고 있다.

교회를 리마 콩 한 접시처럼 여기는 사람들이 많은 이유가 무엇일까? **실제로는 그렇지 않다는 것, 복음은 정말 중요하다는 것을 보여주는 증거는 어디에 있단 말인가?**

복음은 너무 획일적이다?

사람들은 복음이 너무 편협한 것 아니냐고 투덜댄다. 문화와 종교가 이처럼 다양한 세상에서 복음은 지나치게 특수한 주장을 하고 있다는 것이다. 유일하고 참된 하나님이 한 민족과 언약을 세우셨으며, 그 민족에서 나온 예수님을 통해 하나님의 약속을 성취함으로써 세상과 화해하셨다는 정통 기독교 신앙의 대답은 지나치게 획일적이어서 편협해 보인다. 우주의 창조주답지 않은 처사다. 사이비 만병통치약 같은 느낌이다.

포스트모던 시대를 사는 사람들은 문화 속에 또 다른 문화가 있고, 언어 속에 또 다른 언어가 있으며, 종교 속에 또 다른 종교가 있다는 사실에 익숙하다. 단일 종교나 유일신으로 실재를 설명하려는 시도가 지극히 반직관적이라는 생각이다. 다양성을 인정하는 세상에서 정치와 경제, 문화를 아우르는 유일한 해결책이라면서 한 가지만 내세운다면 설득력도 없고 공감도, 효과도 없을 것이다. 종교와 영성 문제라고 다를 것이 있겠는가?

그런 특수성과 성경이 설명하는 하나님의 광활한 성품 및 본질이 신학적 관점에서 어떻게 일치하느냐고 그들은 따져 묻는다. 한 가지 정답만 고집하는 신이 하나님으로 불릴 자격이 있는가? 벌새만 해도 3백 종류나 창조했다는 신이 종교에 있어서만큼은 획일성을 요구하는 신과 어떻게 같을 수 있는가?

이런 창조세계와는 구별되는 하나님의 독특성이 있다고 주장한다면 그분이 창조했다는 다양한 자연 세계의 품격은 불명예스럽게 손상되는 것은 아닌가? 더욱이 하나님의 형상을 닮았다는 사람들이 한 가지 종교만 믿어야 한다면, 자연 세계의 다양성을 해치고 하나님이 다양하게 창조한 피조물을 하나로 뭉뚱그리게 되는 것은 아닌가? 아니, 바나나 종류도 5백 종이 넘는데 어떻게 하나님이 리마 콩 한 접시만 세상에 허락하신단 말인가?

복음의 증거가 되어야 하는 교회

이런 반대에 적절히 대답하려면 예수님이 하나님 나라의 핵심이라고 말씀하시는 바로 그것, 곧 풍성한 생명을 더해주고 결코 획일적이지 않은 실재인 사랑에 대해 다시금 생각해야 한다.

복음은 리마 콩이 아니란 중요한 증거는 그리스도의 몸을 통해 나타나야 한다. 곧 교회가 생생하고 겸손하게 이 진리를 살아내어 하나님의 사랑과 정의가 강력하고 희생적으로 드러나야 하는 것이다. "너희가 서로 사랑하면, 모든 사람이 그것으로써 너희가 내 제자인 줄을 알게 될 것이다"(요 13:35). 우리가 받은 사랑이 진정 그러하다면, 적어도 그 사랑으로 인해 우리는 진리를 담지(擔持)하고 영혼이 확장되며 정의를 실현해내는 사람들이 된다. 사랑에 헌신한다는 것은 "박하와 회향과 근채"로 생색을 내기보다 "정의와 자비와 신의와 같은 율법의 더 중요한 요소들"에 전념한다는 의미인 것이다(마 23:23).

물론 이것은 복음을 매력적으로 변화시키거나 쉽게 받아들일 수 있게 한다는 뜻은 아니다. 복음이 보여주는 증거가 여전히 작다는 비난도 받겠지만, 그것은 싸구려 모조품처럼 보잘것없다는 뜻이 아니라 값비싼 진주와 같다는 의미에서의 작음일 것이다.

C. S. 루이스가 말했던 "투자는 안전하게 하고 책임은 지지 않으려는 인간의 타고난 선호"[21]를 보장하는 작고 시시한 복음은 버려야 한다. 은혜의 복음은 "그리스도 예수 안에 있는 사람들은 정죄를 받지 않[는다]"(롬 8:1)라는 사실을 비롯해 우리에게

주는 선물이 많다. **하지만 우리는 그저 결승선을 무사히 통과하기 위한 정도가 아니라, 인생 전체에서 신실한 제자로 살아갈 수 있게 하는 은혜를 보장받았다.** 그리스도의 제자들은 먼저 사랑받았기 때문에 자유롭게 사랑할 수 있다(요일 4:19 참고). 우리는 하나님께 은혜로 빚 탕감을 받았기 때문에 욕심을 버리고 남들을 아낌없이 사랑할 수 있다.

우리의 복음이 편협하게 보이는 것은 교회의 사랑이 편협한 것과 직접적으로 관련이 있다. 유명한 기독교 지도자들이 "메리 크리스마스"를 자유롭게 외치게 해달라고 시위를 벌인다면 복음은 정말 시시하게 보일 것이다. **하지만 우리가 크리스마스 때 지출하는 수십억 달러를 성육신적 사랑을 실천하는 방법으로 전 세계의 가난하고 불쌍한 사람들을 위해 쓰자고 촉구한다면 우리가 고백하는 믿음에 대한 인상은 사뭇 달라질 것이고 사랑에 목마른 세상은 큰 소망을 보게 될 것이다.**

우리가 원근 각처에 있는 사람들, 특히 힘, 돈, 교육, 식량, 위생, 안전, 믿음이 없이 살아가는 사람들에게 인내와 희생의 사랑을 베푼다면 무한히 큰 복음을 증언하는 새로운 날이 열릴 것이다. 우리에게는 익숙하지 않은 이러한 방식의 헌신적인 사랑을 실천하면서, 중산층의 편안한 울타리를 벗어나 가난한 이웃을 보듬어 안고, 상류층의 화려한 소비보다 빈곤층의 필요에 더 관심을 갖는다면 복음은 더욱더 풍성한 생명을 더하는 선물이 될 것이다.

우리가 사랑받은 대로 사랑한다면

복음은 그저 일방적이고, 편협하게 한 가지 진리만을 고집한다고 주장하는 사람들에게 우리는 뭐라고 대답해야 할까? 성경은 아주 구체적인 하나님의 행동을 통해 우주처럼 광활한 하나님의 마음과 목적에 우리가 접근할 수 있게 되었다고 말한다. 하나님이 가장 구체적으로 역사하실 때 가장 포괄적인 적용이 가능하다. "하나님께서 세상을 이처럼 사랑하셔서 외아들을 주셨으니"(요 3:16). 하나님은 그리스도 예수 안에서 가장 특수한 행동으로 가장 보편적인 목적을 이루신다.

사랑을 구체적으로 적용하는 것은 망원경을 적절히 사용하는 일과 비슷하다. 우리는 망원경의 작은 렌즈("하나님이 그리스도 안에 계셨다")를 통해 하나님의 광대무변한 마음("하나님은 사랑이시다")을 얼핏 볼 수 있다. 우리는 특별한 작은 렌즈를 통해 커다란 실재를 볼 수 있다. 이처럼 복음은 하나님이 우리에게 보편적인 것을 보여주시는 방법이다.

이것은 평범한 일상에서 분명하게 나타난다. 우리는 특정한 장소와 시간에, 특정한 사람과 사랑을 주고받으면서 사랑의 의미를 배운다. 넓은 의미의 사랑을 배우고 나서 개별적인 사랑을 배우는 게 아니다. 구체적인 사랑을 받아야 차츰 더 폭넓은 사랑을 할 수 있다. 사랑에 구체성이 빠져 있다면 보편성도 갖추기 힘들다.

물론 세심하게 사랑을 받았다고 해서 반드시 더 많이 사랑한다는 보장은 없다. 하지만 사랑할 줄 모르는 사람일수록 사랑받은 경험이 부족하다는 의심에는 꽤 설득력이 있다. 수백만 명의 비신자들은 교회를 보면서 정확히 그렇게 의심하고 있고, 따라서 우리가 전하는 복음도 의심을 받는다. **특히 우리가 하나님의 사랑을 전할 때 자기희생적인 사랑의 열매가 더욱 분명하게 드러나지 않으면 우리의 독특한 주장은 더 부패하고 악하게 보일 것이다.**

태양 자체의 특수함은 문제가 되지 않는다. 햇빛을 의인과 악인에게 골고루 비추기 때문이다. 그리스도 안에 있는 하나님의 특별한 사랑도 마찬가지다. 교회는 복음이 특별히 신자만 비춘다는 인상을 주어서는 안 된다. 우리가 사랑받은 대로 사랑한다면, 그리스도 예수 안에 있는 하나님의 친밀하고 우주적인 복음, 그 광활하고 폭넓은 복음으로 인해 거대함과 규모로 인해 우리는 더욱 선명하게 세상의 소금과 빛이 될 것이다. 우리는 예수님의 표현처럼, '눈에 보이는 복음'으로 살아가게 될 것이다. 더이상 리마 콩 복음이 아닌.

14장

인간관계를 바꾸는 한 가지 습관

내 말이 은쟁반에 담긴 금사과가 되려면

스티브 메이

내 친구 조이가 어릴 적의 일이었다. 조이의 부모는 끝없이 수다를 떠는 아이의 성격을 고치기 위해 기발한 꾀를 냈다. 사람에게는 평생 쓸 수 있는 단어의 수가 정해져 있어서 그 분량을 다 말하면 죽는다고 경고한 것이다. 그때부터 조이는 말을 아끼는 습관을 들였다. 종일 한마디도 하지 않고 지내는 날도 많았다. 그런 날이면 조이는 '살날이 하루 더 늘었어!'라고 생각하며 기뻐했다.

물론 그리 권장할 만한 전략은 아니다. 오늘 신나게 떠드는 조이의 모습을 보니 그다지 나쁜 영향은 받은 것 같지는 않다. 그렇지만 아이들에게 신중하게 말하는 법을 가르치고 우리도 입

조심을 하는 것이 바람직하다는 사실에는 의심할 여지가 없다.

잠언에는 언어 사용에 대한 금언이 많다. **혀를 통제하는 정도에 따라 인간관계의 질적 수준도 달라진다.** 바른말을 하지 않고 계속 그른 말을 하면 결국 사람을 잃고 외톨이 신세가 된다.

자기 의사를 별 어려움 없이 수월하게 표현하는 사람들이 있다. 흔히 달변가라고 불리는 사람들이다. 쉬지 않고 한없이 뭔가를 이야기하는데도 무슨 말을 하는지 도통 알 수 없는 경우도 있다. 말을 길게 나열하는 것과 효과적으로 말하는 것은 같은 게 아니다.

얼마 전 〈딕 반다이크 쇼〉(Dick Van Dyke Show)를 봤는데 어떤 장면에서 딕은 사이비 지식인들이 가득한 모임에 참석했다. 딕은 자아도취에 빠진 철학 교수의 일방적인 대화에 걸려들었다. 한 사람이 "아무개 박사는 정말 똑똑하지 않아요?"라고 물었다. 딕은 대답했다. "어떤 주제에 대해 모호하게 둘러대는 재주는 있지만 실은 맹탕이에요." 사람들의 일반적인 대화 방식도 그와 비슷하다.

성경은 다른 접근법을 가르친다. 말을 아끼고, 하더라도 신중하게 말하라. 십계명은 모두 297단어로 되어 있다. 시편 23편은 118단어, 주기도문은 56단어다. 그런데 농무부는 최근 보고서에서 양배추 가격을 논의하기 위해 15,629단어를 사용했다.

말을 많이 한다고 변화가 일어나는 것은 아니다. 변화는 정확한 단어를 사용할 때 온다.

우리는 신중하게 말하는 습관을 들여야 한다. 말하기 전에 생각하는 법을 배워야 한다. 내가 지금부터 말하는 세 가지를 기억하면 절대적인 자유를 얻고 모든 인간관계가 혁명적으로 달라질 것이다.

꼭 말하지 않아도 된다

먼저는, 어떤 일에 대해서 꼭 입을 열어야 한다는 법은 없다. 말하고 싶은 충동을 억누르고 침묵하면 네 가지 유익한 점이 있다.

1. 알고 있는 것을 전부 말할 필요는 없다. 어느 날 저녁 친구들과 저녁을 먹으면서 기독교 음악에 대해 이야기하는 중이었다. 한 친구가 어느 가수를 거론하면서 "그 사람 정말 좋아해. 감동이 있어"라고 말했다. 다른 친구가 "아, 그래? 우리 교회에서 누가 12단계 과식 치료 모임에 갔었는데 그 가수도 거기 있었대. 그 사람 다식증인 거 알아? 벌써 십 대부터 처먹고 토하는 걸 했대." 그런 것까지 말할 필요가 있었을까? 우선 나는 밥 먹는 데서 그런 표현은 듣고 싶지 않다. 그런 모임마다 '익명'이란 단어가 붙는 이유가 있다. 우리는 남들의 사생활을 존중해야 한다.

내부 정보를 누설한다고 해서 결속력이 생기는 것도 아니고 누군가에게 덕이 되지도 않는다. 물론 그리스도를 영화롭게 하지도 못한다. 누군가의 무엇에 대해 알았다고 해서 그것을 발설할 권리가 자동적으로 주어지는 것도 아니다. 훗날 그 음악가가 다식증으로 힘들었던 과거를 공개적으로 밝힌다면 그것은 자기 선택에 따른 것이다. 그때까지는 누구도 그의 사생활을 들출 권리가 없다.

마찬가지다. 당신이 누군가의 비밀을 알고 있을지도 모르지만, 그게 사실이라고 해서 발설해도 좋다는 허락을 받은 것은 아니다. **남들에게 덕이 되지 않고 그리스도의 이름에 누를 끼칠 말이라면 입을 열지 말아야 한다.**

솔로몬은 이렇게 말한다. "아는 것이 많은 사람은 말을 삼가고"(잠 17:27). 말하기 전에 꼭 그 말이 필요한지 생각해보라. 우리가 아는 것을 모두 말할 필요는 없으니까.

2. 생각을 전부 말할 필요는 없다. 모든 분야에 걸쳐 자기가 남들보다 아는 게 조금씩 더 많다고 믿는 사람들이 있다. 그들은 기회가 생길 때마다 열변을 토하는 게 자기 의무라고 믿는다. 주식 시장, 컴퓨터, 미식축구, 정치, 종교를 가리지 않고 어떤 주제든 자기가 서론을 열고 결론을 내려야 한다고 생각한다. 당신이 그런 사람과 대화 상대가 되었다고 해보라.

우리도 무심코 이런 버릇에 물들 수 있기 때문에 조심해야 한다. 몇 년 전 내 누이는 유일한 형제에게 말했다. "단 한 번이라도 좋으니, 마치 자기가 모든 걸 아는 것처럼 15분 동안 떠드는 소리를 듣기 전에 내가 하고 싶은 얘기를 꺼내보고 싶어." 그 후로 누이의 형제는 최선을 다해 그녀의 말을 따라야 했다.

시트콤 〈치어스〉에 등장하는 클리프 클래빈을 기억하는가? 그는 자기가 생각하는 것을 쉴 틈 없이 전부 말한다. 어떤 주제든 가만히 듣고 있는 법이 없다. 그는 자칭 만물박사다. 그것 때문에 비웃음도 산다. 친구들 사이에는 이런 클리프 클래빈 같은 친구가 꼭 하나씩 있다. 만일 찾을 수 없다면 자신을 유심히 살펴보기 바란다(혹시 당신이 그럴지도 모르니까). 우리는 생각하는 것을 전부 말하지 않아도 된다. 말하기 전에 원칙 하나를 기억하자. 침묵은 지식과 비슷하다. 먼저 생각부터 하고, 그다음에 말하라.

3. 침묵하면 현명한 사람이라는 인상을 줄 수 있다. 솔로몬은 "어리석은 사람도 조용하면 지혜로워" 보인다고 말한다(잠 17:28). 몇 년 전 소프트웨어 출판사에 취직했을 때 나는 이 구절을 마음에 새겼다. 우리 회사는 IBM과 손잡고 신제품을 개발했는데 나는 입사 첫 주부터 켄터키 주 렉싱턴에 있는 IBM 공장에 가서 종일 진행되는 기획회의에 참석해야 했다. 당시 나는 컴퓨터에 대해 아는 게 거의 없었다. 그저 'IBM' 정도만 들어보았을 뿐이었다. 나는 날마다 '컨피그-닷-시스', 'OCR 문자 인식', '파일 버퍼링'과 같은 뜻 모를 단어들이 날아다니는 회의장에 앉아서 꼬박 여덟 시간을 보냈다. 나는 회의 내내 고개를 끄덕이면서 "이견 없습니다"라는 말만 되풀이했다. 가까스로 내가 잘 아는 분야가 나오자 그제야 중요한 기여를 할 수 있었다. 모르는 분야에 대해 아는 체하다가 점수를 까먹는 실수를 하지 않은 덕분에 내 말에는 무게가 실렸다.

4. 들은 것을 전부 옮길 필요는 없다. 험담이 문제가 되는 것은, 우리가 들은 내용이 사실이 아닐 공산이 크기 때문이다. 사람들의 입을 거치면서 사실은 부풀려지기 마련이다.

우리는 험담에 대해 대수롭지 않게 생각한다. 그러니 "누구를 만나면 뒷담화나 해야겠다"라는 말을 함부로 한다. 험담은 별 문제가 아니라는 식이다. 하지만 솔로몬이 험담에 대해 했던 말을 보라. "비뚤어진 말을 하는 사람은 다툼을 일으키고, 중상하는 사람은 친한 벗들을 이간시킨다"(잠 16:28). 우리가 신나게 누군가를 '깔 때' 하나님은 그런 행동을 '비뚤어졌다'고 여기신다는 생각은 해봤는가? 믿기 힘들겠지만 성경은 그렇다고 말한다. 내 생각에는, 우리가 더욱 사실적이고 흥미진진하게 뒷담화를 되풀이할수록 하나님은 더욱 비열하게 보시는 것 같다. 하나님은 차라리 우리가 침묵하길 바라실 것이다.

잠언에는 "허물을 덮어주면 사랑을 받고, 허물을 거듭 말하면 친구를 갈라놓는다"라는 말씀도 있다(잠 17:9). 들은 것을 전부 옮기면 우정은 파괴된다. 그래서 우리는 말하기 전에 생각해야 하고 말할 가치가 있는지 고민해야 한다. 우리는 들은 것을 전부 되풀이해서 말하지 않아도 된다.

말조심의 첫걸음은 침묵이다.

그것이 정말 사실인가

두 번째 단계는 내가 아는 것이 모두 사실인지 거듭 확인하는 것이다.

리처드 주얼(Richard Jewell)은 1996년 애틀랜타 올림픽에서 폭탄 테러가 일어났을 때 최초로 현장에 나타났던 경비원이다. 그는 성실하고 용기 있게 행동한 진짜 영웅이었다. 그런데 FBI는 주얼을 의심하고 그를 테러 용의자로 지목했다(이런 사건이 터지면 으레 그렇다). 모든 사람을 의심하는 게 FBI의 일이기는 하다.

언론은 이 사실을 대서특필했다. 〈애틀랜타저널-컨스티튜션〉은 조롱과 기만으로 가득한 기사를 발표했다. 〈뉴욕 포스트〉는 주얼을 용의자라고 보도하는 것인지 범인이라고 공언하는 것인지 알 듯 말 듯한 기사에서 그를 가리켜 "뚱뚱하고, 전직 보안관 대리였던 인생 실패자"라고 불렀다. 뉴스 진행자 톰 브로코조차 "지금쯤 그를 체포할 근거는 충분한 것 같습니다. 기소할 근거도 충분해졌고요. 다만 여러분은 유죄를 입증하고 싶겠지요"라는 말로 자기 경력에 흠집을 냈다.

결국 리처드 주얼은 폭탄 테러범이 아니라는 사실이 드러났다. 그는 진짜 영웅이었다. 주얼은 죽음을 각오하고 사람들의 목숨을 구했지만 언론의 공격을 받아 만신창이가 되었다. 미디어는 책임을 피할 수 없었다. 굴욕적인 재판을 받고 싶지 않았던 NBC를 비롯한 여러 뉴스 기관들은 액수를 비밀에 붙인 합의금을 주얼에게 지급하고 사건을 마무리했다.

우리는 이 사건에서 두 가지 교훈을 배웠다. 먼저는 톰 브로코가 하는 말도 모두 사실은 아니란 점을 배웠다. 우리는 뉴스를 시청할 때 진실의 일부만 들을 공산이 크다는 점을 기억해야 한다.

두 번째는 사실을 정확히 알기 전에 떠벌리면 큰 피해를 줄 수 있으며, 추측과 섣부른 발언으로 일어난 피해는 고스란히 자신에게 돌아온다는 것이다. 개인이라면 NBC의 오보와 같은 궁지에 빠질 일은 없겠지만 사실을 알기 전에 입을 열면 확실히 자신과 주변에 재난을 불러온다. 솔로몬의 말마따나 "다 들어보지도 않고 대답하는 것은, 수모를 받기에 알맞은 어리석은 짓이다"(잠 18:13).

몇 년 전이었다. 어떤 직장 상사가 자제력을 잃고 화를 낸 적이 있었다. 거래처의 공급 가격이 터무니없이 높다는 것이었다. 그는 '실수'를 발견하지 못한 담당 직원에게 고성을 지르고 거래처에 전화를 걸어 한동안 호통을 친 뒤 계약을 취소했다. 그런데 얼마 되지 않아 상사는 자신의 잘못을 깨달았다. 그는 직원에게 사과했지만 이미 때는 늦었다. 직원은 벌써 사직서를 제출한 뒤였다. 그는 거래처에 전화를 걸어 계약을 유지하자고 사정했다. 거래처는 재계약 의사를 밝히긴 했지만 공급가는 올라간 상태였다. 성급하게 속단했던 15분으로 인해 그는 회사에 큰 손해를 끼쳤다.

솔로몬의 잠언 하나가 생각난다. "미련한 사람의 말은 교만하여 매를 자청하지만, 지혜로운 사람의 말은 그를 지켜준다"(잠 14:3).

그래서 우리는 말하기 전에 먼저 생각해야 한다. 사실을 빠짐없이 확인하자. 솔로몬의 지혜를 기억하자. "아는 것이 많은 사람은 말을 삼가고, 슬기로운 사람은 정신이 냉철하다"(잠 17:27). 입을 열기 전에 사실을 분명히 파악했는지 신중하게 생각하자.

죽고 사는 것이 혀의 힘에 달렸으니

말조심의 세 번째 단계다. 우리가 사는 이 세상은 항상 좋은 일만 생기는 곳은 아니다. 썩 유쾌하지 않은 말을 해야 할 때도 있다. 하지만 그런 때라도 알맞은 말을 하기 위해 노력한다면 영향력을 잃지 않을 것이다. 잠언의 말처럼 "적절한 대답은 사람을 기쁘게 하니, 알맞은 말이 제때에 나오면 참 즐겁다"(잠 15:23). **경우에 맞는 말을 적절한 때에 하려면 평소에도 노력이 필요할 뿐만 아니라 생각을 깊게 해야 한다.**

외딴길에서 과속 운전을 한 부부를 어떤 경찰이 붙잡아 차를 갓길에 세우게 했다. 도로는 한산하고 날씨도 좋았기 때문에 경찰은 경고만 하고 보내주겠다고 말했다. 안전띠를 착용한 것은 잘한 일이라고 칭찬했다. 그러자 부인이 몸을 내밀어 이렇게 말했다. "그게, 우리같이 빠르게 달릴 때는 꼭 안전띠를 착용해야죠." 그 말을 듣고 경찰은 얼굴을 찡그리더니 결국 속도위반 딱지를 뗐다.

별생각 없이 말하면 이런 일이 일어난다. 지혜롭게 말하기 위해 최선을 다하지 않으면 그렇다.

아내에게 샌드위치를 만들어주던 한 남편에 관한 이야기가 있다. 남편은 빵의 끝부분을 잘라서 샌드위치를 만들었다. 남편에게 샌드위치를 받은 아내는 버럭 화를 냈다. "샌드위치 끝부분은 이제 지긋지긋해요. 어떻게 20년 동안 이럴 수 있죠? 왜 매번 나한테 끝부분만 주는 거예요?" 남편은 아내를 보며 조용히 말했다. "내가 제일 좋아하는 부분이니까."

남편은 적절하게 대답할 줄 알았다. "부드러운 대답은 분노를 가라앉히지만, 거친 말은 화를 돋운다"(잠 15:1). 그는 솔로몬의 말을 제대로 이해하고 있었다.

잠언에는 "죽고 사는 것이 혀의 힘에 달렸으니, 혀를 잘 쓰는 사람은 그 열매를 먹는다"라는 구절이 있다(잠 18:21).

어떤 여자에게 이런 말을 들은 적이 있다. "남편의 말을 듣다 보면, 꼭 그것과 정반대로 하고 싶어져요." 그녀가 남편에게 순종하는 법을 배워야 한다고 말하는 남자들이 있을지도 모르겠다. 하지만 나는 남편이 아내에게 더 친절하게 말했어야 한다고 생각한다.

배우자나 아이, 직원 들에게 어떤 문제에 대해 말할 때는 어떻게 말하는 게 좋을지 미리 생각해야 한다. **이렇게 자문해보라. "내가 어떻게 말해야 그들에게 덕이 되고, 최선의 행동을 하도록 격려할 수 있을까?"** 이 질문을 늘 가슴에 담아두고 있어야 한다.

말하기 전에 생각하라

성경은 말조심이라는 주제에 대해 많은 이야기를 한다. 지금 당장 책 한 권을 쓸 수 있을 정도다. 말이 가진 힘이 엄청나기 때문에 말할 때는 특히 신중해야 한다. "말을 조심하는 사람은 자신의 생명을 보존하지만, 입을 함부로 여는 사람은 자신을 파멸시킨다"(잠 13:3).

우리가 평생 사용할 단어의 총량을 하나님이 정해두셨다는 말은 사실이 아니다. 단어를 다 쓰면 죽는다는 것도 물론 사실이 아니다. 하지만 말을 많이 하면, 특히 생각 없이 나오는 대로 말을 하면 큰 위험에 처한다는 것은 사실이다. 솔로몬의 말마따나 "말이 많으면 허물을 면하기 어려우나, 입을 조심하는 사람은 지혜가 있다"(잠 10:19).

침묵의 서약을 할 필요는 없지만 말하기 전에 생각하겠다는 다짐은 유익하다. 침묵을 지키는 편이 더 나을지도 모른다. 전해 들은 모든 사실이 다 맞는지도 생각해보라. 해야 할 말을 적절하게 하기 위한 최선의 방법에 대해서도 고민해보라. 이런 식으로 입술을 지킨다면 우리의 생명을 지키고 인간관계를 살찌우며 그리스도와 가깝게 동행하도록 사람들을 도울 수 있다.

5부

리더는
자기가 키운
사람으로
평가받는다

십자가를 향해 길을 가시던 예수님을 생각해보라. 주님의 인생에 그때만큼 목표에 집중해야만 했던 시절이 또 있었을까? 그분은 자신이 성취해야 할 일과 그 대가를 정확히 아셨다. 또한 지상에서 보낼 시간이 많지 않다는 것과 해야 할 일이 많다는 것도 아셨다. 그런데도 어떻게 뽕나무에 올라가 있던 작달막하고 별난 남자 삭개오나 여리고로 이어지는 길가에서 소리쳤던 소경 바디매오 같은 사람들을 기꺼이 상대하실 수 있었을까?

자신의 막중한 사명과 반드시 가야 할 길을 아셨는데도 예수님은 늘 주변부에서 시선을 거두지 않으셨다. 옷자락을 만져서라도 하혈을 멈추고 싶었던 여자든, 설교를 방해하더라도 친구들의 도움으로 지붕까지 뜯어내고 그분을 만났던 중풍 환자든 간에, 그런 사람들을 만날 때마다 예수님은 하시던 일을 멈추고 사람들에게 귀를 기울이며 그들의 필요를 채워주셨다.

우리는 예수님의 이런 모습을 늘 기억해야 한다. 우리 눈에는 도통 보이지 않는 그들을 그리스도께서는 결코 지나치지 않으신다.

5부에서 고든 맥도날드, 스카이 제타니, 도날드 수누키언은 우리 주위에 있는 사람들의 마음을 얻고 교회의 보물로 키우는 삶에 대해 말한다. 예수님도 공생애 기간 여기에 최선을 다하셨다. 그들의 지혜를 들어보자.

15장

깊이 있는 사람들을 남겼는가

이 일이 가장 중요하다

고든 맥도날드

얼마 전부터 성숙한 그리스도인들에 대해 말할 때마다 '깊이'라는 표현을 즐겨 쓰게 되었다. 리처드 포스터(Richard Foster)의 글을 읽었을 때 이 단어의 뜻을 제대로 인식할 수 있었다. **"오늘날 가장 절실하게 필요한 것은 똑똑하거나 재능 있는 사람들이 아니다. 깊이 있는 사람들이다."**[22]

무한정한 선택, 마음을 산만하게 만드는 온갖 것, 오만 가지 형태의 진리가 영혼을 잠식하는 오늘날, 그리스도를 따르는 '깊이 있는' 제자가 된다는 것은 대체 어떤 뜻일까? 주당 5-60시간의 노동, 공동체와 학교 행사, 쇼핑, 인맥 관리, 집안일, 가족생활… 아, 게다가 교회 일까지 하느라 눈코 뜰 새 없이 바쁜 마당에 '깊이' 있는 사람이 되는 게 어떻게 가능한가? 수도원 바깥에서 세속(世俗)을 살아가는 사람에게 이런 '깊이'라는 말이 가당하기나 한가?

물론 '깊이'가 무슨 뜻인지 알기 전에는 이런 물음에 답할 엄두조차 나지 않을 것이다. 나는 이런 뜻으로 쓴다. 깊이 있는 사람들이란 예수님과 그분의 성품, 그리고 그분의 부르심과 십자가의 죽으심을 중심에 두고 살아가는 이들이다. 그들은 각기 다른 능력(또는 은사)을 받았지만, 다른 이들로 하여금 예수님을 따르게 하고, 예수님을 닮아 자라게 하며, 헌신적으로 섬기며 살아가게 한다. 그들은 세상을 사랑하고 사람들과 잘 어울리지만 영적인 올무에 걸리지 않도록 조심한다. 그들은 현명하고 사람들을 긍휼히 여기며 시련의 때를 잘 인내한다.

교회의 보물을 지켜라

"교회의 가장 큰 보물은 이런 깊이 있는 사람들이다." 자, 이 말에 대해 어떻게 생각하는가? 요즘 교회에서는 구도자, 청년, 어린아이 등등 다양한 구성원을 중요하게 여긴다. 모두 교회의 건강을 위해 중요한 요소다. 하지만 그 중심에 깊이 있는 사람들이 없는 교회는 문제가 있다. 그런 사람들은 하늘에서 뚝 떨어지지 않는다. 길러야 한다. 자, 이런 생각을 조금 더 발전시켜보자. 깊이 있는 사람들은 교회에서 설교자, 인기 프로그램, 예배팀보다 훨씬 더 중요한 보물이다(이 말에 어디선가 야유하는 소리가 들린다).

이것이 사실이라면 다음과 같은 말은 어떠한가?

- 시장이나 학교, 사회에서 살아가는 우리 주변의 평범한 교인들의 삶이 더욱 깊어져야 한다.
- 교회 리더들은 이런 깊이 있는 교인들이 누군지 알아야 한다. 자기 돈이 어디에 있는지 아는 것처럼 확실하게.
- 교회 리더들은 모든 연령층에서 깊이 있는 사람들을 지속적으로 양육하는 일을 사역의 우선순위로 삼아야 한다.
- 교회는 담임목사가 이런 양육을 가장 중요시하도록 배려해야 한다.

만일 담임목사의 직무설명서 첫 단락이 다음과 같다면 어떨까? "담임목사는 최우선적으로 전 교인의 최고 영성개발자가 되어야 한다. 그는 해마다 교회 안팎에서 영적 리더십을 발휘할 수 있는 일정한 수의 남녀 교인들을 양육하고 당회에 보고할 개인적인 책임을 진다."

내가 이런 생각을 하게 된 데는 두 가지 계기가 있었다. 첫 번째 계기는 많은 교회에서 더 이상 깊이 있는 사람들을 배출하지 못하고 있다는 의심이 날로 커졌기 때문이다. 어딘가 고장이 났다. 윌로우크릭협회가 자체적으로 조사해서 발표한《발견》(REVEAL)이라는 책을 보며 이런 의심이 더욱 견고해졌다. 여기에는 교회 프로그램만으로는 성숙한 그리스도인을 키워낼 수 없다는 우려가 담겨 있다. 나 역시 체계적이진 않지만 개별적으로 조사해봤다. 가는 곳마다 나는 목회자들에게 이런 질문을 던진다.

- 주위에서 깊이 있는 사람들을 얼마나 많이 알고 있는가? (이렇게 물으면 열띤 토론이 벌어지지만 결국 그 수가 많지 않다는 사실을 조용히 수긍한다.)
- 혹시 사람들에게 도무지 실천하기 힘든 믿음을 가르치고 있지는 않은가?
- 그렇지 않다면 당신의 교회에서는 깊이 있는 사람들을 기르고 있는가? (사람들은 잠시 생각하다가 대개는 교회의 제자 양육 프로그램을 거론한다. 잠깐은 효과가 있는 것 같았지만 대부분 단명한 것들이다.)
- 당신은 목사로서 깊이 있는 사람들을 직접 발굴하고 양육하는가? (이렇게 물으면 대부분 평일에 그럴 시간이 어디 있느냐는 대화로 이어진다.)

때로는 힘이 되는 답변도 들을 수 있었다. 하지만 사람들을 끌어모으는 일(주로 설교)에는 공을 들여도 깊이 있는 사람들을 기르는 일(대개 양육)에는 관심을 가지지 않는 목회자가 많다는 결론을 내릴 수밖에 없었다.

그러나 설교로는 깊이 있는 사람들을 만들지 못한다는 게 현실이라면 어떻게 하겠는가? 사람들은 설교를 들으며 영감을 얻고, 그리스도인으로 살아가는 데 필요한 정보와 조언을 제공받지만 그 외에는 별다른 역할을 하지 못한다면? 물론 이런 설교의 기능도 중요하다. 하지만 리더십의 최우선 과제가 바울의 말처럼 "그분 안에 뿌리를 박고, 세우심을 입어서, 가르침을 받은 대로 믿음을 굳게 하여 감사의 마음이 넘치[는]"(골 2:7) 깊이 있는 사람을 기르는 것이라면 삶을 바꾸는 사역을 어떤 식으로 펼쳐 나갈지 다시 생각해야 한다.

간간이 목회자들에게 이런 이야기를 하면 큰 교회에는 '제자 양육' 전담 교역자가 따로 있다는 말을 듣는다. 대개 소그룹 프로그램을 진행한다는 뜻이다. 담당 교역자들은 매우 훌륭한 사람들이다.

하지만 깊이 있는 사람들을 양육하는 일이 교회에 중요한 사역으로 주어졌다면, 그 일은 다른 교역자에게 맡기면 안 된다. 담임목사가 적극적으로 맡아 해야 한다. 그래야 교인들은 그 일의 중요성을 똑똑히 인식한다. 즉, 담임목사가 첫 번째 양육자가 되어야 한다.

예수님이 최선을 다하셨던 사역

예수님은 공생애 사역의 대부분을 소수의 남녀에게 투자하셨다. 그들은 깊이 있는 사람으로 성장했고 오늘날까지 지속되는 이 운동을 일으켰다. 예수님은 여기에 최선을 다하셨고 전략적으로 집중하셨다.

예수님이라면 오늘날 어떤 방식으로 양육하셨을까? 여기저기서 흔히 찾아볼 수 있는 방식이었을까? 모임을 만들고 성경공부 교재의 빈칸을 채우게 하셨을까? 화요일 저녁마다 모임을 열어 영감 넘치는 강사들의 강의 동영상을 보여주셨을까?

예수님은 랍비의 전통에 따라 사람들을 깊이 있게 기르셨다. 당시에 랍비가 사람들을 키워냈던 방식은 우리와 사뭇 달랐다. 다른 랍비들처럼 예수님도 설교를 하셨다. 하지만 어디서도 들어보지 못한 색다른 설교였다. 예수님의 설교는 이야기, 질의 응답, 토론으로 이어지는 문답식 설교였다. 오늘날의 설교자들처럼 혼자서 말하는 설교가 아니었다(누가 내 설교 중간에 질문을 던진 다면 나는 기겁할 것이다).

이상하게 들리겠지만 오늘날 설교학 강의에서는 예수님의 설교가 낮은 점수를 받을 것이다. 호기심 가득한 사람들이 수천 명이나 모였지만 핵심 제자들은 열두 명밖에 남지 않았고, 남은 열두 명도 모범적이라고 보기 힘들다면 그런 설교자에게 후한 점수를 주기는 힘들 테니까.

그런데도 예수님은 빈자리에 연연하지 않으셨다. **그분은 열 두 명이 어떤 사람이 되고, 어떤 일을 할 것인가에 더 관심을 가지셨 다.** 랍비 예수님은 설교자라기보다 자신이 선택한 제자들의 양 육 코치에 더 가까웠으리라. 예수님이 제자들과 함께 하셨던 일 과 그 일을 하셨던 방식, 나는 그것을 묶어서 랍비식 도제 교육 이라고 부른다.

나는 진지하게 예수님을 랍비로 생각해본 적이 없었다. 유 대인 친구들에게는 미안한 말이지만 그분의 랍비 역할은 그리 중요하지 않다고 여겼다. 하지만 주님의 일생을 새롭게 보게 되 면서 그분의 사역 방식을 이해하는 데 '순회 랍비'라는 신분이 중요한 열쇠가 된다는 것을 깨달았다. 그분의 사명은 자신이 떠 난 뒤에도 같은 사명을 이어갈 사람들을 구원하여 새 삶을 주는 것이었다. 랍비는 부모처럼 시선을 늘 미래에 둔다. 누가 이 가 르침을 이어갈 것인가?

예수님은 열두 살 때 이미 또래에 비해 토라에 정통했으며 나이가 훨씬 많은 사람들과의 대화에서도 전혀 밀리지 않으셨다. 누가는 사람들이 예수님을 정말 좋아했다고 말한다. 자연히 이런 궁금증이 생긴다. 어린 예수님의 랍비는 누구였을까? 누가 그분을 가르쳤을까?

그게 누군지는 나도 모르지만 간과할 수 없는 특별한 사람이 있다. 어머니 마리아다. 마리아는 예수님의 성장에 지대한 영향을 끼쳤다. 마리아는 분명히 강인하고 지적인 여자였다(마리아의 찬가를 읽어보라). 마리아는 기회가 생길 때마다 아들에게 예언자 이사야의 글을 읽어줬을 것이다. 마리아가 했던 말이 귓가에 들린다. "아들아, 교만한 자, 힘 있는 자, 부자들에게 눈길을 주지 마라. 가난한 사람, 굶주린 사람, 억압받는 사람들을 돌아보고 그들에게 사랑받는 존재라고 말해줘라." 예수님은 그렇게 하셨다.

사역 리더십의 최우선 과제가 깊이 있는 사람들을 기르는 데 있다면 우리는 삶을 변화시키는 사역을 어떻게 이루어나갈 것인지 그 방법을 다시 생각해야 한다.

예수님은 서른 살에 가업을 버리고 랍비로서 길을 떠나셨다. 당시의 순회 랍비는 마을과 마을을 다니며 마을 주민들을 상대로 세미나 형식의 모임을 열었다. 주민들은 순회 랍비의 방문을 환영하고 기적이나 혁명을 기대했다. 순회 랍비들은 각자 토라의 해석 방법이 독특해서 한 랍비의 전체 가르침을 '말씀'("나의 말은 결코 없어지지 않을 것이다"에서와 같이)이나 심지어 '복음'이라고도 불렀다. 랍비는 자기 스승에게 가르침을 '전수받는' 것이 상식이었다.

랍비의 삶에서 가장 눈에 띄는 부분은 학생이나 제자들이었다. 소수의 청년들이 신중하게 선발되어 스승을 좇았다. 자녀를 명문대에 보내고 싶어 하는 심정으로 부모가 직접 랍비를 만나 결정하는 식으로 타의에 의해 제자가 되는 경우도 있었다.

가족의 사회적 인맥이 넓을수록 존경받는 랍비의 문하생이 될 가능성도 더 컸다. 바울은 자신이 정통 유대인이란 점을 뒷받침하는 말을 하다가 누구 문하에 있었는지를 밝혔다. "가말리엘 선생의 문하에서 … 엄격한 방식을 따라 교육을 받았습니다"(행 22:3). 지금 같으면 이렇게 말했을 것이다. "나는 가말리엘대 졸업생입니다."

예수님과 제자들이 만났을 때 어떤 말이 오고 갔는지는 비교적 상세하게 남아 있다. 가령 예수님이 베드로를 비롯한 여러 어부를 배에서 만나셨을 때 베드로는 이렇게 말했다. "주님, 나에게서 떠나주십시오. 나는 죄인입니다"(눅 5:8). 사실 베드로는 어떤 랍비의 제자가 된다는 것을 꿈에도 생각해본 적이 없었다. 과거가 너무 복잡해서, 성격상 결점이 많아서, 다른 야망이 있어서 그랬을 수도 있다. 아무튼 랍비 예수의 문하에 들어가는 일은 생각해본 적이 없었다.

그런 베드로에게 예수님이 말씀하셨다. "이제부터 너는 사람을 낚을 것이다"(눅 5:10). 필시 그전에 베드로를 만나서 많은 말씀을 하셨을 것이다. 결국 예수님은 완강한 베드로를 설득해 직업을 버리게 하셨고 배움과 섬김의 삶으로 이끄셨다. 베드로를 비롯한 어부들은 랍비 예수의 제자가 되었다.

복음서 필자들은 독자들이 제자 선발 과정에 대해 어느 정도 알고 있다고 생각하는 것 같다. 그물을 버리고 떠나는 일은 순식간에 내려지는 결정이 아니라, 의논하고 제안하고 심사숙고해서 그렇게 되는 것임을 잘 안다고 생각하고 자세한 이야기는 생략한다.

그 뒤에 이어지는 베드로의 변변찮은 의견과 여러 차례의 충동적인 행동은 그의 본래 모습을 잘 보여주는 것만 같다. 초기에 베드로는 전혀 '바위'다운 깜냥이 아니었다. 내가 그의 랍비였다면 그저 파문할 기회만 찾았을 것이다.

예수님은 뒤에 마태(세리)와 시몬(열심당원)을 제자로 부르셨는데 생각해보면 충격적인 조합이다. 두 사람은 서로 죽이려고 했을지도 모른다! 두 사람의 정치적 입장은 빌 마어(진보주의자)와 러시 림보(보수주의자)만큼이나 달랐다.

예수님이 선발한 열두 제자는 성격과 배경, 기대치도 각양각색이었다. 우리는 이런 사람들에게 깊이를 기대하기는커녕 같은 방에 모아두지도 못할 것이다.

깊이 있는 제자 양육법

예수님은 이런 남자들을 어떻게 깊이 있는 사람들로 만드셨을까? 그들에게는 모범과 정보, 시험이 필요했다.

모범. 랍비의 제자들은 스승의 모든 것을 본받았다. 스승의 생각은 무엇인가? 스승이 어떻게 말했는가? 스승은 어떻게 드시는가? 제자들은 랍비를 완벽하게 모방하고 싶어 했다. 그들은 랍비가 토라의 화신이라고 믿었고 자신의 언행에서 랍비의 모습이 나타나길 바랐다. 이제 바울의 말이 이해가 된다. "내가 바라는 것은, 그리스도를 알고 … 그분의 죽으심을 본받는 것입니다"(빌 3:10). 안다는 것은 본받는다는 것이다.

정보. 랍비는 성전에서 가르치기도 했지만 교실을 떠나서 길, 들판, 시장, 호숫가로 나가서 가르치기도 했다. 랍비는 일상의 모든 것을 실례로 들어 가르쳤다. 거의 모든 가르침은 이야기나 수수께끼, 잠언의 형태를 띠었고 핵심을 전달하고 제자들의 정신을 흔들어 깨우는 것이 목적이었다. 이야기의 결론이 나지 않더라도 랍비는 두려워하지 않았다. 예수님도 적용할 점이 명확하지 않은 이야기를 종종 하셨다. 마치 "스스로 알아내!"라고 말씀하시는 것 같다.

시험. 제자들은 시험의 시간을 통과해야 한다. 예수님의 사역을 생각해보라. 폭풍우, 오천 명 대접, 동산에서 당한 배신. 이 모두가 테스트하는 시간이다. 폭우가 잔잔해지자 예수님의 말씀이 들린다. "너희의 믿음이 어디에 있느냐?"(눅 8:25) 사람들을 가리키며 말씀하신다. "너희가 그들에게 먹을 것을 주어라"(마 14:16). 그분은 예언하신다. "너희는 모두 나를 버릴 것이다"(마 26:31). 꾸중도 하셨다. "사탄아, 내 뒤로 물러가라"(마 16:23). 질문도 하셨다. "당신들이 걸으면서 서로 주고받는 이 말들은 무슨 이야기입니까?"(눅 24:17) 임무도 주셨다. "너는 가서 하나님 나라를 전파하여라"(눅 9:60).

랍비는 교육을 마치면 제자들을 떠나보냈다. 예수님도 마찬가지다. "이제 나는 너희를 종이라고 부르지 않고 벗이라고 부르겠다"(요 15:15, 공동번역). "내가 떠나가는 것이 너희에게 유익하다"(요 16:7). "나를 믿는 사람은 내가 하는 일을 그도 할 것이요, 그보다 더 큰 일도 할 것이다"(요 14:12). "내가 너희를 사랑한 것같이, 너희도 서로 사랑하여라"(요 13:34). "너희는 온 세상에 나가서, 만민에게 복음을 전파하여라"(막 16:15).

예수님은 이런 말씀을 하신 뒤에 제자들을 떠나셨다. 그분의 가르침은 이제 제자들의 머리에 각인되었고, 그분의 영은 제자들의 마음에 살아 계셨다. 마침내 제자들은 깊이 있는 사람들이 되었다.

우리는 어떻게 따를 수 있는가

예수님은 사람들을 깊이 있는 자들로 길러내는 일에서 탁월한 능력을 발휘하셨다. 그분은 3년 동안 챔피언 열둘(아니지, 열하나)을 키우셨다. 예수님이 하셨던 일을 어떻게 본받을 수 있을까?

1. '목표'가 무엇인지 알아야 한다. 그저 사람들을 끌어모으는 게 목표인가? 아니면 예수님의 사명을 이어갈 깊이 있는 사람들을 기르는 게 목표인가? 깊이 있는 사람들을 양육한다면 교인 수는 그다지 늘지 않겠지만 튼튼하고 지속적인 사역의 토대는 놓을 수 있다.

2. 이 일은 남에게 맡기면 안 된다. 조직의 책임자가 선봉이 되어야 한다. 바보 같은 질문이긴 하지만 예수님이 세례자 요한을 만나 이렇게 제안하셨다면 사명을 이루실 수 있었을까? "내 제자양육 사역을 맡아서 해줬으면 하네. 내가 중요하게 여기는 것들을 사람들에게 가르쳐주게. 나는 설교하고 비전을 제시하고 헌금을 모으고 성전의 유력자들을 만날 테니까."

3. 깊이 있는 사람들을 지속적으로 양육하는 일이 교회의 가장 중요한 투자이고, 목회자에게는 이런 일을 해야 할 책임이 있음을 알리면서 교회를 일깨워야 한다.

4. 앞에서 말한 "모범, 정보, 시험" 전략을 실행한다. 분명히 시간이 걸린다. 담임목사는 당회에 미리 말해두어야 한다. "해마다 12~15명에게 제 시간의 20퍼센트를 투자하겠습니다. 담임목사가 교회 행사에 나타나지 않는 이유를 교인들이 궁금해할 때 당회의 협조가 필요합니다."

이런 랍비식 도제 교육을 전략적으로 실행하려면 교인들의 시선에서 벗어나 교회 밖에서 모일 필요도 있다. 목회자의 집에서 모이는 것도 좋고 예비 제자들의 직장에서 모이는 것도 좋다. 어떻게 성장하는지 가르치고, 본을 보이며, 테스트할 수 있는 장소라면 어디든 좋다.

5. 랍비가 반드시 친절해야 할 필요는 없다. 랍비는 제자들에게 끊임없이 높은 기준을 요구한다. 자신의 생활을 서슴없이 공개한다. 제자들의 잠재의식을 쿡쿡 찌를 줄 안다. 그들에게서 최선을 이끌어낼 줄 안다. 깊이 있는 사람들을 기르는 일은 진지

한 일이다.

바울은 디모데에게 "나에게서 들은 것을 … 사람들에게 전수하십시오. … 그들이 다른 사람들을 또한 가르칠 수 있을 것입니다"라고 썼는데(딤후 2:2 참고), 이는 랍비식 도제 교육을 염두에 둔 말이다. 또한 "말[내용과 방식]과 행실[삶의 모습]과 사랑[관계]과 믿음[하나님에 대한 믿음]과 순결[도덕적 선택]에 있어서"(딤전 4:12) 모범을 보이라고 말한다. 같은 맥락이다. "명하고 꾸짖고 권하는 것" 역시 랍비식 도제 교육에서 나타나는 방식이다. 요컨대 디모데의 임무는 깊이 있는 사람들을 기르는 것이었다.

이제 마지막 여섯 번째 생각. 우리는 예수님의 제자들을 기르는 것이지 자기 제자들을 기르는 게 아니다. 제자들은 누군가에게 소유되거나 지배당해서도, 오용되어서도 안 된다. 그들은 예수님의 사람들이다. 주님은 자기 제자들을 교회에서 일하게도 하시지만, 세상을 위해 내어놓기도 하신다. 교회는 그런 보물들(깊이 있는 사람들)을 독점해서는 안 되고, 적극 파송해야 한다.

동산에서 체포되시기 전에 예수님은 무엇을 위해 기도하셨는가? "내게 주신 사람들"을 위해 기도하셨다. 그분의 기도를 들어보자. "[그들에게] 아버지의 이름을 드러냈습니다. … 아버지께서 내게 주신 말씀을 그들에게 주었습니다. … 내가 아버지께 비는 것은 … 그들을 지켜주시는 것입니다. … 그들을 거룩하게 하여 주십시오. … 나도 그들을 세상으로 보냈습니다"(요 17:6, 8, 15, 17, 18).

그분은 자신이 설교했던 사람들이 아니라 자신이 양육했던 제자들을 위해 기도하셨다.

나를 "모범과 가르침과 시험의 과정"을 통해 인도했던 랍비 두어 명이 있었다. 그들은 때로 엄격하고, 때로는 온화했다. 나의 현재와 미래를 믿어주었다. 그들은 나의 잠재력을 보았고 깊이 있는 사람으로 키우기 위해 힘을 다했다. 지금은 모두 세상을 떠나고 없다. 그들이 무척 그립다. 이제 나는 그들의 '말씀'을 간직하고 있으며, 그들이 전한 복음을 사람들에게 전하는 일에 전념하고 있다.

16장

예수님의 눈으로 본 세상

주님의 대리자로 살아가는 법

스카이 제타니

먼저 마태복음 5장 38-42절을 보자. "'눈은 눈으로, 이는 이로 갚아라' 하고 말한 것을 너희는 들었다. 그러나 나는 너희에게 말한다. 악한 사람에게 맞서지 말아라. 누가 네 오른쪽 뺨을 치거든, 왼쪽 뺨마저 돌려 대어라. 너를 걸어 고소하여 네 속옷을 가지려는 사람에게는, 겉옷까지도 내주어라. 누가 너더러 억지로 오 리를 가자고 하거든, 십 리를 같이 가주어라. 네게 달라는 사람에게는 주고, 네게 꾸려고 하는 사람을 물리치지 말아라."

자, 당신이 1950년대 미국 남부에 사는 아프리카계 미국인이라면 이런 말씀을 어떻게 받아들이겠는가? 아니면 1930년대 후반 유럽에 사는 유대인이라면 이런 말씀을 어떻게 받아들이겠는가? 당신이 불의와 차별, 박해의 피해자라면 이런 말씀을 어떻게 받아들이겠는가? 이 대목을 비롯해 산상수훈 전체에 기록된 예수님의 가르침을 보면 세상 현실과 맞지 않는 부분이 많다는 사실을 분명히 알 수 있다.

자, 이제 막 증오와 폭력에 시달리다가 불의와 박해를 피해 예수님의 말씀을 들으러 온 사람들이 있다. 그런데 이런 그들에게 다른 쪽 뺨을 돌려 대라, 가해자를 잘 대해주라, 겉옷을 훔쳐 간 도둑에게 셔츠까지 주라 하는 얼토당토않은 말을 듣는다. 평생 교회에서 성장했더라도, 이런 구절들을 늘 배웠고 암송했어도, 실제적인 악이나 위험, 위협에 부딪히면 우리는 이 말씀들을 창밖으로 던져버린다. 실제로 그런 상황을 만나게 되면 더 이상 말이 통하지 않는 것이다.

유진 피터슨이 말한 자신의 학창 시절 경험은 이런 모순을 잘 보여준다.

> 나는 기독교 가정에서 훌륭한 부모님 밑에서 자랐다. 나는 예수님의 이야기를 들으며 그분을 본받으라고 배웠다. …
> 학교는 요한복음이 말하는 '세상'이었다. … 세상은 학교 불량배 개리슨 존스라는 아이의 모습으로 나를 찾아왔다. …
> [입학 후] 사흘째 되던 날 개리슨은 나를 올해의 노리개로 점찍었다. … 나는 주일학교에서 싸우지 말라고 배웠다. … 나는 "핍박하는 자를 축복하라", "다른 쪽 뺨을 돌려 대라"는 구절을 익히 알고 있었다. … [개리슨은] 방과 후 오후가 되면 거의 매일 나를 잡아서 두들

겨 팼다. … 나는 골목길로 피해서 집으로 갔지만 그는 끝내 나를 뒤따라왔다.

그런데 그날 뜻밖의 일이 생겼다. 동네 친구들 일고여덟 명과 같이 있었는데, 개리슨은 나를 따라와서 주먹을 날리고 욕을 하면서 늘 하던 대로 나를 두들겨댔다.

그때 그 일이 생겼다. 전혀 예상하지 못했던 일이었다. 전혀 나답지 않은 행동이었다. 속에서 뭔가가 툭 끊겼다. 일순간 성경 구절은 내 의식에서 사라졌고 나는 개리슨의 멱살을 잡았다. 나도 개리슨도 깜짝 놀랐다. 내가 개리슨보다 힘이 더 셌기 때문이다. 나는 그를 땅바닥에 눕히고 가슴팍에 앉은 뒤 무릎으로 두 팔을 제압했다. 믿기지 않았다. 그는 무력했다. … 꼼짝달싹도 못 했다. 믿을 수 없는 일이었다. 그의 얼굴을 주먹으로 가격했다. 기분이 좋았다. 다시 주먹을 날렸다. 코피가 터졌다. 눈 위에 번지는 핏빛이 보기 좋았다. 이쯤 되자 친구들은 하나같이 응원하고 선동했다. "눈두덩을 시퍼렇게 만들어!" "이를 박살 내!" 친구들은 독설을 퍼부었다. …

나는 개리슨에게 말했다. "형이라고 불러봐." 그는 말하지 않았다. 나는 주먹을 날렸다. 핏물이 터지자 환성도 터졌다. … 그때 내가 받은 기독교 교육의 효과가 나타났다. "내 구주 그리스도 예수를 믿는다고 말해봐." …

그는 내 말대로 했다. 개리슨 존스는 내가 전도한 첫 개종자가 되었다.[23]

이게 산상수훈, 특히 보복에 관한 예수님의 말씀에서 우리가 느끼는 문제다. 우리는 그 말씀을 부지런히 배우고 공부하고 암송한다. 하지만 세상에서 '개리슨 존스들'과 직면하면 성경 구절은 사라지고 정의는 쉽게 이루어지지 않으며 선은 악의 그늘에 가려져 있기 십상이고 사랑보다 증오가 더 강해 보이는, 위험하고 위협적이고 무서운 세상 현실에 부닥친다. 산상수훈에 나타난 예수님의 가르침이 문제가 되는 이유는 세상에서 우리가 경험하는 것과 아귀가 맞지 않기 때문이다.

그래서 우리는 양자택일해야 한다. 예수님의 말씀을 모순으로 치부하든지 우리의 세계관을 재평가해야 한다. 이 둘은 양립할 수 없다. 이것도 옳고 저것도 옳을 수 없다. 하나를 버려야 한다. 우리는 이런 핵심적인 갈등을 해결하지 않으면 안 된다.

법은 마음을 바꾸지 못한다

예수님이 하시는 말씀의 요점을 이해하려면 배경 지식이 조금 필요하다. 마태복음 5장 38절에서 그분은 "'눈은 눈으로, 이는 이로 갚아라' 하고 말한 것을 너희는 들었다"라고 말씀하신다. 그분은 구약 성경인 토라를 인용하신다. 우리는 그 시절에 하나님이 모세에게 주셨던 이 법이 매우 혁신적인 법이었다는 사실을 간과할 때가 많다. 고대 사회(그리고 오늘날 현대 사회 곳곳)에서 걷잡을 수 없이 커지는 보복 행위는 심각한 문제였다. 이렇게 생각해 보자. 당신이 나를 모욕하자 나는 당신을 폭행한다. 당신이 나를 폭행하자 나는 당신을 찌른다. 당신이 나를 찌르자 나는 당신에게 총질한다. 당신이 나에게 총질하자 나는 당신의 가족에게 총질한다. 거의 모든 갱 영화의 줄거리가 다 이렇다.

그래서 하나님은 직접 자기 백성에게 보복 행위의 한계를 정하신다. 그분은 "눈은 눈으로, 이는 이로 갚아라"라고 말씀하신다. 당한 피해보다 더 큰 처벌은 안 된다는 뜻이다. 누군가에게 피해를 당했을 때 더 큰 피해를 주는 것은 옳지 않다. 그분은 한없이 커지는 보복 행위에서 자기 백성을 보호하시고자 앙갚음의 한계를 분명히 정하신다.

이런 사실이 중요한 것은 우리가 산상수훈, 특히 보복에 관한 구절에서 예수님이 구약 율법을 나쁘게 말씀하신다고 여길 때가 많기 때문이다. 나는 예수님이 그렇게 말씀하셨다고 믿지 않는다. 주님은 앞서 "[율법을] 폐하러 온 것이 아니라, 완성하러 왔다"(마 5:17)라고 말씀하시지 않았는가? 그분은 "눈은 눈으로, 이는 이로 갚아라"라는 법이 잘못되었다, 나쁘다, 악하다, 부당하다고 말씀하신 게 아니다. 이는 보복 행위의 허용 범위를 정해주는 선한 법이란 것을 아신다. 하지만 선한 법이기 때문에 최고라는 뜻은 아니다. 우리는 예수님이 여기에서 하신 말씀을 그렇게 이해해야 한다.

얼마 전 나는 실화에 근거한 1962년 영화 〈버드맨 오브 알카트라즈〉(The Birdman of Alcatraz)를 보았다. 버트 랭커스터(Burt Lancaster)는 종신형을 받고 알카트라즈에서 복역하는 로버트 스트라우드라는 살인범을 연기한다. 영화의 핵심적인 갈등은 죄수 스트라우드와 교도소장 하비 슈메이커 사이에서 일어난다. 두 남자는 교도소에서 삼십 년을 같이 보내는데 영화 말미에 갱생의 본질을 놓고 아주 팽팽하고 재미있는 대화를 나눈다. 그들의 대화는 법의 중요한 면을 보여준다. 스트라우드는 교도소장에게 이렇게 말한다.

갱생의 뜻을 알고나 있으신지 모르겠습니다.《웹스터 인터내셔널 사전》에 보면 이 단어는 라틴어 어근 '하빌리타스'(*habilitas*)에서 파생했는데 존엄성을 다시 불어넣는다는 뜻이죠. 소장님은 그런 일을 하신다는 걸 알고 계세요? 죄수가 한때 가지고 있었던 존엄성을 돌려주는 거요. 하지만 소장님은 죄수의 행동에만 관심을 가지죠. 죄수들이 끈 달린 인형들처럼 출소하길 바라시니까요. 소장님이 느끼는 순응과 행동, 도덕이라는 형식적인 가치에 맞춰서요. 그래서 소장님은 실패한 겁니다. 그들은 출소해서도 여전히 자포자기한 상태니까요. 하루하루 영혼 없이 몸만 움직일 뿐입니다. 마음속에는 깊고 깊은 증오가 있어요. 그래서 사회를 공격할 기회가 생기면 바로 공격해버립니다. 결국 출소자의 절반 이상이 다시 감옥으로 돌아오죠.

스트라우드가 교정 제도를 비판하는 말에서 우리는 법의 한계를 알 수 있다. 법은 바람직하고 정의롭다. 선악과 도덕의 기준을 제시한다. 악의 허용 범위를 제시하고, 그 악을 억제한다. 하지만 법은 우리를 진짜 갱생으로 이끌지는 못한다. 하나님의 형상대로 만든 피조물로서 가져야 할 존엄성을 회복시키지는 못한다. 법은 우리의 마음에서 악과 분노와 증오를 뿌리 뽑지 못한다.

우리는 산상수훈에서 이런 구절을 읽을 때 예수님이 더 가혹한 법을 주신다고 믿는 잘못을 저지른다. 하지만 예수님의 뜻은 그것이 아니다. 지켜야 할 법을 하나 더 주신 게 아니다. 법은 진정한 갱생으로 이끌지 못하기 때문이다. 예수님은 법을 더 추가하지 않으신다. 오히려 그분은 법이 마음으로 들어간 사람들이 어떤 행동을 하는지 설명하신 것이다. 진정 갱생하고 그분의 나라에서 온전히 살아가는 사람들의 모습은 어떠한지를 보여주신다.

예수님은 우리가 이제부터 남들이 해달라는 것 이상을 해주고 다른 쪽 뺨을 돌려 대며 겉옷을 포기해야 한다고 말씀하시는 게 '아니다.' 말씀의 요지는 이런 일을 해야 한다는 데 있지 않다. **우리가 분노와 증오와 악에서 자유롭게 풀려났을 때, 복수심이 사라졌을 때, 완전히 갱생했을 때 그런 행동을 '원한다'는 뜻이다.** 그때 우리는 사람들을 무척 사랑해서 그들이 진정 잘되기를 바란다. 해달라는 것 이상으로 해주고 다른 쪽 뺨을 돌려 대며 달라는 사람의 청을 거절하지 않게 된다. 예수님은 우리에게 법을 하나 더 주신 게 아니다. 그분은 진짜 갱생한 마음을 지닌 사람의 모습이 어떠한지 묘사하신 것이다.

하나님으로 둘러싸인 세상

자, 그렇다면 당신은 이제 이런 생각을 할지도 모른다. 좋아, 알겠어. 또 다른 법이 추가된 게 아니란 말이지. 갱생한 마음에 대한 것이란 말이지. 내면의 변화란 말이지. 그것이 자유인의 모습이란 말이지. 좋아, 스카이, 하지만⋯ 그래도 소용없어. 대관절 어떻게 그런 사람이 될 수 있어? 우리 앞에는 개리슨 존스들이 있어. 증오, 박해, 악, 불의에 날마다 실제로 직면하고 있다고. 두들겨 맞는데 어떻게 주먹을 날리지 않을 수 있어? 어떻게 이런 변화가 가능하겠어?

내가 하는 이야기가 어느 정도 답이 되었으면 한다. 1956년 마틴 루터 킹 주니어는 앨라배마 주 몽고메리에서 사역하던 이십 대의 젊은 침례교 목사였다. 그는 뜻밖의 상황을 겪으면서 버스 보이콧 운동의 리더가 되었다. 이 운동은 로자 파크스가 버스에서 자리 양보를 거부하면서 시작되었다. 보이콧이 확산되자 킹은 몽고메리에 있는 백인 지도자들이 자신을 죽이려 한다는 소문을 들었다.

1월 27일 밤, 사건은 절정으로 치달았다. 작은 집에서 젊은 아내와 생후 두 달 된 딸과 함께 잠을 자던 킹은 전화벨 소리에 잠이 깼다. 통화 내용을 정확히 옮기지는 않겠다. 매우 부적절한 내용이기 때문이다. 하지만 요점만 말하자면 사흘 안에 마을을 떠나지 않으면 킹을 살해하고 집을 폭파하겠다는 협박이었다. 킹은 전화를 끊었지만 불안하고 심란해서 다시 잠들 수 없었다. 그는 커피 한 잔을 마주하고 식탁에 앉았다. 침실과 요람에서 평화롭게 자고 있는 아내와 아기의 안전이 걱정되었다. 그의 말을 빌리자면, 공포에 질려 몸을 가눌 수 없었다.

그날 밤 킹이 직면했던 것과 똑같은 상황을 겪는 사람은 드물 것이다. 하지만 인간이 흔히 겪는, 공포에 질려 몸을 가누지 못하는 경험은 많이들 한다. 아이들은 괜찮을까? 진단 결과가 어떻게 나올까? 해고되는 것일까? 징집되는 것은 아닐까? 이런 일은 한도 끝도 없다. 외부의 어떤 힘에 위협을 느끼면 우리는 한없이 안으로 움츠러들고 생각은 마비된다. 당신도 그런 적이 있을 것이다.

그날 밤 커피 잔을 마주하고 식탁에 앉아 있었던 마틴 루터 킹 주니어도 그랬다. 그런데 뜻밖에 킹의 인생을 바꾼 일이 생겼다. **식탁에 앉아서 두 손으로 얼굴을 감싸고 하나님께 공포와 불안을 토로하던 킹은 한 번도 느껴본 적이 없는 영혼의 진동을 느꼈다.** 그러고는 어떤 음성을 들었다. 그 음성은 내면에서 들렸다. 킹은 그 음성을 이렇게 전한다. "'공의를 위해 일어나라. 정의를 위해 일어나라. 진실을 위해 일어나라. 보라, 세상 끝 날까지 내가 너와 함께할 것이다.' … 나는 예수님의 음성을 들었다. … 그분은 결코 나를 떠나지 않겠다고, 결코 나를 버리지 않겠다고, 결코 혼자 있게 하지 않겠다고 약속하셨다."[24]

그 순간에, 한밤중에, 어둠이 지배하는 시간에 킹은 살아 계신 하나님을 초자연적으로 만났다. 하나님이 함께하신다, 하나님이 곁에 계신다는 설명할 수 없는 느낌을 경험한 마틴 루터 킹은 극적으로 바뀌었다. 그의 인생이, 그의 전망이, 그의 사명이, 그의 관점이 바뀌었다. 나는 이게 마태복음 5장에서 예수님이 말씀하신 보복에 관한 구절을 이해하는 열쇠라고 믿는다. 실은 이것이 산상수훈 전체를 이해하는 열쇠다. 이것을 모르면 나머지는 이해할 수 없다.

마태복음 5장에 기록된 산상수훈을 처음부터 다시 읽어보자.

산상수훈은 진짜 복된 사람들의 다양한 모습을 그린다. 예수님은 이렇게 말씀하신다. "마음이 가난한 사람은 복이 있다." 달라스 윌라드는 《하나님의 모략》에서 이것을 "영적으로 아무것도 없는 사람은 복이 있다"라고 풀이한다. 영적으로 내세울 게 아무것도 없는 사람은 복이 있다. "슬퍼하는 사람은 복이 있다." 애통하는 사람은 복이 있다. 슬퍼하고 두려워하는 사람은 복이 있다. 새벽 두 시에 일어나 커피 잔을 마주하고 공포에 짓눌린 사람은 복이 있다. "박해를 받은 사람은 복이 있다." 소외받고 미움받고 차별받는 사람은 복이 있다. 예수님은 산상수훈 서두에서 막강한 메시지를 전하면서 하나님이 우리와 함께하신다고 말씀하신다. '하나님은 우리 편이시다.' 이 진실을 진심으로 믿으면 (지적인 동의 정도가 아니라 실제로 경험해야 한다) 세계관이 바뀐다. 때문에 하나님이 내 편이라는 자신감은 말할 수 없이 중요하다.

나는 달라스 윌라드의 설명을 좋아한다. 그는 우리가 "하나님으로 둘러싸인 세상에 살고 있다"라고 했다. 우리가 이 사실을 믿으면 이 세상은 완벽하게 안전한 삶터라는 결론을 내릴 수밖에 없다고 말한다. 처음에 그 문장을 읽었을 때 윌라드가 무슨 말을 하는지 이해할 수 없었다. 이 세상은 안전하지 않다고 말할 만한 일을 우리는 많이 겪어오지 않았던가? 하지만 생각해보자. 영원의 관점에서 보면 그의 논리는 단단하다. 하나님이 우리와 함께하시는 세상이라면, 하나님이 우리와 함께하시는 우주라면 두려워할 게 무엇이겠는가?

　이 세상에서 정의를 실현하는 것은 무척 힘든 일처럼 보인다. 세상은 악의 그늘이 늘 선을 훼손하는 곳이다. 인생 자체의 자원이 부족하므로 싸워서 지켜야 하는 곳이다. 하지만 이런 우리의 생각이 잘못되었다면 어떻게 하겠는가? 이 우주에서 과연 하나님이 우리와 함께하시며, 세상은 온통 하나님으로 둘러싸여 있다면 어떻게 하겠는가? 사도 바울의 말마따나 "하나님이 우리 편이시면, 누가 우리를 대적하겠"는가?(롬 8:31)

　이 세상에서 하나님이 우리와 함께하신다면, 세상이 정의롭지 못함을 걱정하지 않아도 된다. 하나님은 모든 것을 바로잡겠다고 약속하셨다. 세상은 결국 정의롭게 변할 것이다. 이 세상이 하나님으로 둘러싸인 세상이라면 악의 그늘이 영원히 선을 훼손하지 못할 것이다. 선은 하나님 나라와 더불어 확장하고 떨쳐나설 것이다. 하나님이 우리와 함께하시는 세상이라면 인생의 자원은 부족하지 않다. 우리의 영원한 인생은 하나님과 함께 그리스도 안에 감춰져 있다. 하나님이 우리와 함께하시는 세상이라면 나는 두려워할 필요가 없다. 방어 본능으로 안으로 움츠러들 필요가 없다. 하나님이 우리와 함께하시는 세상이라면 나를 때린 사람을 때릴 필요가 없다. 셔츠뿐 아니라 외투까지 내주는 것에 대해 걱정할 필요가 없다. 하나님이 우리와 함께하시는 세상이라면 나는 분노와 증오, 두려움에서 완전히 풀려나, 나를 해치려는 사람에 대해서도 실제로 사랑할 수 있게 될 것이다.

당신은 어떤 세상을 보는가

우리가 산상수훈에서 느끼는 핵심적인 문제가 여기에 있다. **문제는 예수님의 가르침이 모순이라는 것이 아니라 우리가 예수님의 관점으로 세상을 보지 않는다는 데에 있다.** 우리는 세상에서 불의와 분노와 증오와 폭력을 본다. 선한 것은 죄다 공급 부족이고, 인생은 연약하기 그지없다. 하지만 예수님은 성부가 통치하시는 세상을 보셨다. 정의가 보장되고 선하심이 뻗어나가며 영원한 생명이 이어지는 그곳. 복음의 렌즈로 세상을 보면 예수님이 명하신 행동과 가르치신 삶은 이치에 맞는다.

따라서 여기에서 문제는 우리가 악에 저항하느냐 마느냐가 아니다. 우리는 이 세상에서 공의와 정의를 행하는 대리자로 부름받은 것이 분명하다. 문제는 우리가 '왜' 공의와 정의를 추구하는가에 있다. 예수님은 분노와 증오, 복수심으로 똘똘 뭉쳐 공의와 정의를 실현하는 것을 금하신다. 우리는 하나님을 사랑하고 심지어 이런 악을 저지르는 사람들까지도 사랑하기 때문에 공의와 정의와 선을 추구하는 것이다. 따라서 다른 쪽 뺨을 내주라는 원칙에 대해, 나에게 일어나는 모든 일을 참으라는 뜻으로 생각하지 말아야 한다. 이 원칙은 모든 일에서 내 이익이 아니라 남의 이익을 먼저 생각하라는 뜻이다.

마틴 루터 킹이 커피 잔을 마주하며 대화를 나누고 나서 불과 나흘 뒤 그의 새로운 세계관은 시험대에 올랐다. 뜬눈으로 밤을 지새우고 나흘 뒤 그는 버스 보이콧 집회에서 연설을 하고 있었다. 밤 9시경 한 청년이 뛰어 들어와 킹의 집에서 폭탄이 터졌다고 소리쳤다. 집에는 아내와 두 달 된 딸이 있었다. 킹은 황급히 집으로 달려갔다. 집은 여전히 화염에 싸여 있었다. 경찰과 소방관들도 와 있었다. 몽고메리에 사는 수많은 흑인들은 자기 지도자의 집이 공격을 당했다는 소식에 분노하여 권총과 장총, 야구방망이를 든 채 당장이라도 폭동을 일으킬 태세였다.

아내와 아이가 무사하다는 것을 알고서 킹은 백의단(KKK)이 던진 화염병에 불탄 현관 툇마루에 올라갔다. 그는 까맣게 탄 툇마루에 서서 폭동을 일으키려는 분노에 찬 흑인들을 바라보며 설교했다. 그가 했던 말을 들어보라.

"예수님은 지금도 외치고 계십니다. ⋯ '원수를 사랑하라. 너를 저주하는 자를 축복하라. 악의적으로 너를 이용하는 사람들을 위해 기도하라.' 우리는 그렇게 살아야 합니다. 우리는 사랑으로 증오에 맞서야 합니다. ⋯ 이 운동은 하나님이 함께하시기 때문에 멈추지 않을 겁니다. 불타는 믿음과 빛나는 확신을 가지고 집으로 돌아가세요."[25]

내가 킹을 좋아할 수밖에 없는 이유다. 그는 확실히 설교자였다. 자신의 불타는 집을 보면서 '이건 설교 예화야'라고 생각했을 것이다. "불타는 믿음과 빛나는 확신을 가지고 집으로 돌아가세요." 자기 집에 불이 나서 까만 밤하늘을 환히 밝히고 있는 상황에서 그가 어떤 말을 하는지 보았는가? 군중이 흩어진 후 경찰이 찾아와, 아주 작은 사고만 터졌어도 그날 밤에 인종 폭동이 일어났을 것이라고 말했다. 킹은 "몽고메리 역사상 가장 어두운 밤이 될지도 몰랐다"라고 회상했다. "하지만 무엇인가가 사고를 막았다. 하나님의 영이 우리 마음에 임했다. 혼돈으로 얼룩졌을지도 모를 밤이었지만 사람들은 장엄하게 비폭력을 실천하는 모습을 보여줬다."[26] 두려운 마음으로 움츠러들었다가 용기와 사랑이 가득한 모습으로 바뀌는 이러한 변화를 어떻게 설명할 수 있을까? 법으로는 불가능하다. 하나님의 임재로만 가능하다.

하나님은 우리와 함께 계신다.

영화 〈버드맨 오브 알카트라즈〉에서 로버트 스트라우드는 결국 출소한다(실제로는 출소하지 않았지만 영화에서는 이 사실이 각색되었다). 그는 알카트라즈에서 샌프란시스코로 가는 배에 오른다. 항구에 도착하자 기자가 그를 맞이한다. 기자는 "이제 뭘 할 겁니까?"라고 묻는다. 스트라우드는 아주 이상한 대답을 한다. "모르겠어요. 구름이나 재볼까요?" 정말 이상한 대답이다! 하지만 그 상황에서는 조금 시적인 답이 필요하다. 그는 거의 사십 년 동안 복역했다. 가혹한 법에 기초한 교화로 잔뜩 움츠러든 상태였다. 이제 자유를 얻은 그가 감옥을 떠나 구름의 크기를 재는 모습은 아름답게 느껴진다.

나는 그 모습에서 그리스도인으로 살아가는 삶에 담긴 모순을 읽는다. 우리가 예수님을 본받아 산다면, 예수님이 산상수훈에서 하셨던 말씀대로 산다면 사람들은 우리를 미치광이로 취급할 것이다. 우리는 사다리에 올라가 자를 들고 구름의 크기를 재는 어리석은 사람처럼 보일 것이다. 생각해보라. "다른 쪽 뺨을 돌려 대라, 해달라는 것 이상으로 해주라"라는 말씀이 얼마나 그들을 당황스럽게 할 것인지를. **하지만 우리 그리스도인들이 미친 사람처럼 보이는 것은 남들이 보지 못하는 세상을 보기 때문이다. 우리는 하나님으로 둘러싸인, 완벽하게 안전한 세상을 본다.** 정녕 안전하고, 전혀 두렵지 않아서 결과에 대해 생각하지 않아도 되고 원수조차 사랑할 수 있는 그런 세상.

글을 맺기 전에 내 생각을 정확히 전달하고 싶다. 독자들 중에는 믿기지 않는 악과 불의를 겪은 사람도 있을 것이다. 자신을 망가뜨린(혹은 망가뜨릴) 사람들을 어떻게 선대하느냐고 따질 것이다. 이런 문제에서 당신이 더 노력해야 한다고 말할 생각은 추호도 없다. 예수님은 우리에게 새로운 법을 주지 않으셨다는 것을 기억하자. 그분은 구약의 토라를 더 무겁게, 더 엄격하게 해석해서 우리에게 적용하시려는 것이 아니다. 법으로는 사람을 바꾸지 못하기 때문이다.

우리가 던져야 할 질문은 "사람들을 사랑하기 위해 얼마나 더 노력해야 하는가?"가 아니다. 우리는 "나는 어떤 세상을 보고 있는가?"를 물어야 한다. 당신은 악과 위험과 위협과 개리슨 존스가 날뛰는 세상을 보는가? 늘 위험천만하고, 안으로만 움츠러들어 끝내는 마비되고 마는 세상을 보는가? 아니면 하나님으로 둘러싸인 세상, 하나님이 함께하시는 세상, 정의와 선과 영생의 세상을 보는가?

당신이 세상을 볼 때 여전히 두려움과 위협과 위험을 느낀다 하더라도 자책하지 말길 바란다. 마틴 루터 킹처럼 하면 된다. 하나님께 두려움을 고백하고 여전히 품고 있는 복수심과 증오심을 인정하라. 정직하게 공개하라. 그러고는 주님이 가까이 와주시길 청하라. 하나님의 영이 형언할 수 없고, 믿기 어려울 정도로, 초자연적으로 가까이 임하시도록 초대하라. 그리하여 그분이 세상 끝 날까지 당신과 항상 함께 계신다는 실재를 경험해보라.

이 진리를 더욱더 경험하게 된다면, 이제 당신은 결코 두려움을 느끼지 않으며 안으로 움츠러들지 않을 것이다. 또한 용기와 은혜 안에서 성장하여 사랑할 수 없었던 사람들까지도 사랑하게 될지도 모른다. 당신은 자기 욕심을 채우는 사람이 되기보다 이 세상에서 정의와 선과 생명을 전하는 주님의 대리자로 살아갈 것이다.

겉으로 보기에는 우리 인생이 참으로 우스꽝스럽고 터무니없이 느껴져 마치 사다리 끝에서 자를 들고 있는 것처럼 보일지도 모른다. 괜찮다. 우리는 세상이 이해할 수 있는 존재가 아니다. 우리는 그리스도의 사람이기 때문이다. 그러므로 우리는 이 세상에서 그분과 함께 사는 법을 배워야 한다. 그래야 그분을 본받아 살 수 있다.

17장

그들의 세계로 들어가라

나는 재판관인가, 이웃인가

도날드 수누키언

당신은 매일 아침 출근길에 스타벅스에 들른다. 늘 같은 시간에 가게에 도착하는데 한 아가씨도 늘 그 시간에 가게에 나타난다. 아가씨와 나란히 줄을 선 게 벌써 여러 날이다. 주문하는 커피도 탈지유를 넣은 더블 에스프레소로 똑같다.

아가씨는 고트 문화에 심취해 있는 것 같다. 검은 머리, 검은 옷, 무릎까지 오는 부츠, 검은 손톱, 검은 립스틱, 코와 입술과 귀와 눈썹에 있는 피어싱, 곳곳에 보이는 문신. 아가씨는 배낭에서 돈을 꺼낸다. 배낭을 든 채 돈을 꺼내 건네는 모습이 때로는 힘들어 보인다.

그 아가씨는 남들과 눈을 잘 마주치지 않는다. 당신은 말을 붙여보고 싶다. 커피 값을 계산할 때 배낭을 들어주고 싶다. 하지만 당신은 고트 문화에 대해 아는 게 없다. 괜히 말을 붙였다가 싸늘한 눈빛과 침묵에 당황할지도 모르는 일. 다정하게 대해볼까? 아침마다 같은 스타벅스에 오는 이유라도 알아볼까? 다른 스페셜티 커피도 마시는지 알아볼까? 매일 아침 인사를 나눌까? 무슨 일을 하는지 물어볼까?

그렇게 하라. 그녀의 세계로 들어가라. 우리가 가게에 들어오자마자 바리스타는 뭘 주문할지 이미 알고 있었을 거라고 말해보라. 그녀가 계산할 때 배낭을 들어주라. 이틀쯤 지나면 당신의 이름을 밝히고 아가씨의 이름을 물어보라. 아가씨가 며칠 보이지 않으면 다시 만났을 때 아프지는 않았는지 걱정했다고 말해주라.

왜 그래야 할까? **의사의 눈으로 보면 하나님이 치유하실 상처가 보이기 때문이다.** 분노와 고독을 느끼기 때문이다. 양부, 오빠, 남자친구의 성폭력 때문인지도 모른다. 당신은 상대의 고통과 슬픔을 볼 수 있다.

직장에 가면 모든 직원이 한심하게 여기는 어떤 남자가 있다. 이혼을 두 번 했고, 전처 둘은 모두 양육비 소송을 걸었다. 그는 무일푼 아빠다. 자신도 간신히 입에 풀칠하면서 간간이 쥐꼬리만 한 양육비를 보낸다. 그는 아이 딸린 동거녀와 살고 있지만 두 주 전 동거녀를 심하게 폭행했다. 그녀는 경찰을 불렀고 남자는 구치소에서 이틀을 보냈다. 지금은 집에서 쫓겨났고 접근 금지 명령마저 떨어졌다. 그는 현재 싸구려 모텔에서 월세로 살고 있다.

매일 점심시간에 남자는 혼자 밖으로 나가 햄버거나 부리토를 사 먹는다. 사무실로 돌아올 때 그의 셔츠에는 늘 겨자나 칠리소스가 묻어 있다. 모든 사람이 자기를 이용해먹고 화나게 만들며 돈을 쥐어짠다고 금세 불평을 늘어놓기 때문에 그와 이야기하는 사람은 드물다. 누가 그런 말을 듣고 싶어 하겠는가?

당신은 그 남자를 볼 때마다 같이 점심을 먹으러 가자고 다정하게 말하고 싶은 생각이 자주 든다. 그가 좋아하는 패스트푸드를 당신도 좋아한다. 버거킹도 좋고 타코벨도 좋고 서브웨이도 좋다. 서브웨이는 요즘 판촉 행사로 90센티미터나 되는 샌드위치를 10달러에 판다. 혼자 먹기에는 양이 많지만 놓치기 아까운 기회다.

한번 같이 가자고 말해볼까? 그렇게 해보라! 그의 세계로 들어가라. 같이 점심을 먹어라. 서브웨이에 가서 샌드위치와 음료를 먹으면서 야구 플레이오프 경기를 봤는지 물어보라. 그는 월드시리즈에서 어느 팀을 응원하는가? 그렇게 판정을 못하는 심판은 처음 봤다고 너스레를 피워보라.

왜 그의 세계로 들어가야 할까? **의사의 눈으로 보면 하나님이 치유하실 상처가 보이기 때문이다.** 당신은 그에게서 인생의 쓴맛, 관계의 실패, 남들의 비난으로 인해 구멍 난 마음을 본다. 미래를 두려워하고 있음을 느낄 수 있다. 인생에 주홍글씨가 새겨져 있고 돈도 없으니 말이다. 그는 외로움을 느끼며 절망하고 있다.

당신 회사에는 도시 리그에서 경기하는 혼성 소프트볼 팀이 있는데 새로운 선수 두어 명을 모집한다는 공지가 붙었다. 당신은 소프트볼을 좋아한다. 날아오는 공을 쳐내고, 공을 잡기 위해 뛰어가고, 본루를 밟기 직전인 선수를 잡으려고 빨랫줄 송구를 하는 그 짜릿한 기분을 좋아한다. 첫 경기는 오는 화요일이고 그들은 당신에게 입단을 권유한다.

하지만 확신이 없다. 소프트볼을 좋아하긴 하지만 동료들과 같이 운동을 해도 좋은지는 모르겠다. 두 달 전에 갔던 회사 피크닉에서 픽업 소프트볼 경기를 했는데 어떤 남자들은 맥주를 많이 마시고 상대팀 여자 선수들을 희롱하기도 했다. 몇몇 동료의 부인들은 큰 소리로 떠들면서 다른 남자들에게 추파를 던졌다. 부모들은 버릇없이 행동하는 아이들을 그대로 내버려두었다. 더욱이 피크닉에 혼자 온 어떤 유부남 직원은 주차장에 세워둔 자신의 픽업트럭 뒤에서 미혼모에게 심하게 집적거렸다. 이런 일을 매주 겪을 자신이 있는가?

팀에 입단해야 할까? 그렇게 해보라! 그들의 세계로 들어가라. 야구장에 가서 공을 던지고 베이스를 향해 달려라. 동료들이 맥주를 마실 때 콜라를 들고 그들 사이에 끼라. 상대팀 여자 선수가 2루까지 가뿐히 출루하면 성적 취향을 묻는 질문 대신 "잘 쳤어요! 대학 때 선수였어요?"라고 외쳐라. 미혼모의 아이를 위해 저렴한 글로브를 하나 사서 배트 보이를 할 생각이 있는지 물어보고 당신 옆자리에 앉혀 놓고 게임 전략을 알려줘라.

왜 그래야 할까? 의사의 눈으로 보면 하나님이 치유하실 상처가 보이기 때문이다. 당신에게는 남성 우월 의식과 음담패설로

허술하게 감춘 그들의 불안과 실패가 보인다. 사랑 없는 결혼생활과 안전한 울타리가 없는 아이들이 보인다. 깊은 상처를 받을 위험이 있는 미혼모의 고독과 취약점이 보인다. 의사의 눈으로 보면 하나님이 치유하실 상처가 보인다.

재판관이 될 것인가, 의사가 될 것인가

우리는 살면서 재판관의 눈을 가질 수도 있고 의사의 눈을 가질 수도 있다. 재판관의 눈으로 보면 고트 아가씨, 무일푼 아빠, 입이 걸쭉한 팀을 보면서 '뭣 때문에 저런 것들을 만나?'라고 비판한다. 하지만 의사의 눈은 하나님이 치유하실 상처를 본다.

평판이 나쁜 사람들, 품행이 의심스러운 사람들을 멀리하는가? 근처에도 얼씬하지 않고 그들의 세계 따위에는 무관심한가? 그들의 분노, 절망, 무지, 고독, 약점에 대해서 별로 알고 싶지 않은가? 아니면 그들의 세계로 들어가서 같이 대화하고 웃고 먹고 운동하고 친구가 되어주는가? 우리는 재판관의 눈으로 그들이 어떤 벌을 받게 될지 헤아리는가, 아니면 의사의 눈으로 하나님이 치유하실 상처를 보는가?

마가복음 2장 13-14절은 우리에게 이런 물음을 던진다. 본문에서 예수님은 평판이 좋지 않은 한 사람의 세계로 들어가신다. 사람들에게 신뢰받지 못한 채 살아가는 그 남자의 이름은 레위이다. 그는 세리다. 하지만 예수님은 이 꼴사나운 남자를 제자로 부르신다.

예수님은 몸소 모범을 보이시며 "나처럼 그들의 세계로 들어가 의사의 눈으로 하나님이 치유하실 상처를 보라"라고 말씀하신다.

이 본문을 조금 더 자세히 살펴보자. 예수님은 갈릴리 바다 북쪽에 있는 도시인 가버나움에서 이제 막 오시는 길이었다. 예수님은 사람들을 가르친 뒤 길을 걷다가 알패오의 아들 레위가 세관에 앉아 있는 것을 보신다. 예수님이 "나를 따라오너라"라고 말씀하시자 레위는 세관을 떠나 그분을 따라나선다.

이곳 세관은 모든 사람과 물건이 국경을 넘어 헤롯 왕의 영토로 들어갈 때 꼭 거쳐야 하는 나들목이었다. 로마로 가는 길과 이집트로 가는 길이 연결되는 곳이었기 때문에 매우 붐볐다. 레위는 마차와 노새 같은 것들에 통행료를 정하고 징수했다. 곡식과 옷감과 생선 같은 상품에 대한 세금도 거두었다. 세관에는 레위와 함께 일하는 직원이 두어 명 있었을 것이고 치안 유지를 위해 군인도 두어 명 지키고 있었을 것이다.

당시의 징세 절차는 무척 가혹했다. 통행료와 세율은 정해져 있지 않았다. 상품을 가지고 세관에 도착한 상인은 얼마를 내야 통과될지 전혀 알 수 없었다. 레위는 상자의 개수를 세어보고 자루를 여기저기 찔러보며 상품을 확인한 뒤 세액을 고지했다. 로마 시대의 다른 세리들처럼 레위도 세금을 높게 책정해서 헤롯 왕에게 일정한 세금을 바친 후 제 호주머니도 조금씩 채웠을 것이다. 상인들은 세리의 처분에 따를 수밖에 없었다. 군인들이 배치된 것도 결국 세리의 세금 집행을 돕기 위해서였다. 아마 군인들도 뒷돈을 받았을 것이다.

장사꾼들은 모두 레위를 증오했다. 마을에서 그가 사기꾼이란 사실을 모르는 사람은 없었다. 레위는 도둑과 똑같은 취급을 받았다. 아무도 그와 상종하지 않았다. 레위 같은 세리들은 평판이 아주 나쁘고 부정직하기로 악명이 높아서 법정에서 증인으로 부르지도 않았다. 아무도 그들의 말을 믿지 않았다. 레위는 마을 초등학교에서 자기 직업을 소개해달라는 부탁을 한 번도 받지 못했을 것이다.

그래서 예수님이 이런 레위의 세계로 들어가셨다는 것은 아주 놀라운 일이었다. 더욱이 그분은 그를 제자로 부르셨다! 예수님은 그 지역에 오래 머물러 계셨기 때문에 레위는 그분이 누군지 알았다. 가르침도 여러 번 들었을 것이다. 본문에 보면, 예수님에 관한 무언가가 레위의 마음을 깊숙이 찔렀다. 레위는 하나님이 자신을 위해 더 좋은 것을 마련하셨다고 느꼈다. 그래서 어느 날 예수님이 찾아와 "레위, 같이 갑시다"라고 말씀하시자 그는 세관 직원들에게 "몇 시간 자리를 비울 테니 내 일 좀 봐줘"라고 말한다. 그렇게 그는 예수님을 따른다.

처음에는 몇 시간만 따라다녔지만 나중에는 며칠을 따라다닌다. 이윽고 레위의 마음은 변한다. 그는 동료 세리들과 자신을 만나주는 몇 사람에게 이야기한다. 레위는 창녀들, 간부들, 갈취자들, 즉 동일하게 죄인 취급을 받던 평판 나쁜 사람들에게 예수님과 보낸 시간들이 어떠했는지 자랑한다. 그중 몇 사람이 이튿날 같이 가서 예수님의 말씀을 듣고 싶다고 말하자 레위는 그분이 따뜻이 맞아주실 것이라고 장담한다. 그렇게 레위의 친구들도 예수님을 따르기 시작한다.

본문에 의하면 며칠 뒤 레위는 자기 집에서 예수님을 위해 잔치를 열었다. 그 자리에 자기 친구들을 모두 초대했다. 레위의 친구들도 예수님을 만날 기회가 생겼다. 예수님은 평판이 나쁜 레위를 제자로 부르셨을 뿐 아니라 이제는 왕따들만 모인 잔치에 참석하기까지 하신다! 예수님은 왜 이렇게 '위험한' 행동을 하시는 것일까? 바로 의사의 눈으로 그들을 보시기 때문이다. 그분은 하나님만이 치유하실 수 있는 그들의 상처를 보신다. 본문을 읽어보자.

> 예수께서 그의 집에서 음식을 잡수시는데, 많은 세리와 죄인들도 예수와 그의 제자들과 한자리에 있었다. 이런 사람들이 많이 있었는데 그들이 예수를 따라왔던 것이다. 바리새파의 율법학자들이, 예수가 죄인들과 세리들과 함께 음식을 잡수시는 것을 보고, 예수의 제자들에게 말하였다. "저 사람은 세리들과 죄인들과 어울려서 음식을 먹습니까?" 예수께서 그 말을 들으시고 그들에게 말씀하셨다. "건강한 사람에게는 의사가 필요하지 않으나, 병든 사람에게는 필요하다. 나는 의인을 부르러 온 것이 아니라 죄인을 부르러 왔다."(막 2:15-17)

바리새인들은 예수님이 그런 자들과 어울려 식사하시는 것에 반대했다. 죄인들의 품행을 인정한다는 의미로 받아들였기 때문이다. 그분이 왜 그런 잔치에 참여하는지 그들은 의아해했다. 그것도 레위의 집에서 열리는 파티가 아닌가! 본문에 쓰인 표현은 그저 맛있는 음식을 먹는 모습을 설명할 때 쓰는 일반적인 단어가 아니다. 당시 열리던 '성대한 잔치'를 뜻하는 표현이다. 하지만 바리새인들이 보기에 예수님은 잘못된 곳에서 잘못된 사람들과 어울리셨을 뿐이다.

바리새인들은 세상의 악한 영향력으로부터 최대한 자신을 분리시키고자 구약의 율법을 아주 세심한 수준까지 정해 지키려고 했던 엄격한 집단이었다. 그들의 동기는 훌륭했지만 그것을 지키는 과정에서 사람들에게 불합리한 행동을 요구했다. 바리새인들은 구약의 율법에 없는 것을 추가로 가르쳤고 기준에 미치지 못하는 사람들은 싸잡아 비난하고 죄인으로 몰아세웠다.

죄인들이 잔뜩 모여 있는 집으로 들어가시는 예수님을 본 바리새인들이 얼마나 경악했을지 감이 오는가? 설상가상으로 잔칫집에서 웃음소리까지 들렸다. 마침내 잔치가 파하고 예수님이 제자들과 함께 밖으로 나오자 바리새인들은 제자들에게 가서 따졌다. "저 사람은 세리들과 죄인들과 어울려서 음식을 먹습니까?"(막 2:16) 궁금해서 묻는 것이 아니었다. 예수님에게 그런 행동을 중단하라고 요구한 것이었다.

예수님은 그들의 질문을 곁에서 들으시고 오늘날 우리가 따라야 할 본이 되는 답을 하셨다. "건강한 사람에게는 의사가 필요하지 않으나, 병든 사람에게는 필요하다. 나는 의인을 부르러 온 것이 아니라 죄인을 부르러 왔다"(막 2:17). 예수님은 의사가 환자를 만나지 않는 게 이상한 것처럼 우리가 죄인을 만나지 않는 것이 이상하다고 말씀하신다. 의사는 환자가 있는 곳에 가서 병을 고쳐야 하듯이 우리는 죄인이 있는 곳으로 가서 그것보다 더 중요한 하나님의 치유를 전해야 한다.

그들의 세계로 들어가라

그렇게 해야 한다. 그들의 세계로 들어가 의사의 눈으로 하나님이 치유하실 상처를 봐야 한다. 고트 아가씨와 이야기를 나누라. 작은 우정을 전하라. 크리스마스를 앞두고 새로 나온 스타벅스 보온병을 선물해보라. 무일푼 아빠와 점심을 먹어라. 복잡한 강의실에 미혼모 임산부가 있다면 대신 자리를 맡아두라. 남자를 찾아 배회하는 늙은 여자에게 말을 붙여라. 얼마 전 음주 운전으로 면허를 취소당한 남자에게 안부를 물어라. 동료들이 권유하면 소프트볼 팀에 들어가보라. 그들과 같이 노래방에도 가고 회사 송년잔치에도 참석하라. 술은 마시지 않더라도 같이 앉아 이야기도 하고 웃어주기도 하라. 고등학교 동창회에 가보라. 당신이 누구 집에서 휴지 장난을 쳤는지, 그해에 학교 팀은 지역 결승전에서 어떻게 이겼는지 떠올려보라. 브루어 선생님이 여전히 대수학을 가르치고 있다는 소식에 감탄도 하고, 과자를 사 들고 뒤풀이 참석도 해보라. 사람들이 여자 이야기를 꺼내면 인생에서 아내를 만난 것이 최고의 행운이라고 하면서 아내 자랑을 하라. 헤어질 때는 다음 주에도 이런 모임에 참석하고 싶지만 아내와 함께 교회 부부 수련회에 가야 해서 아쉽다고 말하라.

　　그들의 세계로 들어가 함께 어울려라. 친구가 된 후의 일은 하나님께 맡겨라. 의사의 눈으로 그들의 세계로 들어가 하나님이 치유하실 상처를 보라.

1장 따로 떼어놓은 짧은 시간

1 Garth Lean, *God's Politician: William Wilberforce's Struggle* (Colorado Springs: Helmers & Howard, 1987).《윌버포스》(꽃삽).

2 Anthony Bloom, *Beginning to Pray* (New York: Paulist Press, 1970), 86.

3 Henri J. Nouwen, *The Living Reminder: Service and Prayer in Memory of Jesus Christ* (New York: HarperCollins, 1977), 11.《예수님을 생각나게 하는 사람》(두란노).

4 "Where the Battle's Lost and Won," December 27, 2012, selection, *My Utmost for His Highest Classic Edition*, Daily Devotionals by Oswald Chambers website, http://utmost.org/classic/where-the-battle%E2%80%99s-lost-and-won-classic/《주님은 나의 최고봉》(토기 장이).

5 Jonathan Aitken, *John Newton: From Disgrace to Amazing Grace* (Wheaton, IL: Crossway, 2007), 116.

3장 추락이 내 삶에 남긴 것들

6 콘래드의 추락 사고 동영상 (http://vimeo.com/20549603).

7 Pete Scazzero, *The Emotionally Healthy Church: A Strategy for Discipleship That Actually Changes Lives* (Grand Rapids, MI: Zondervan, 2010), 148. 《정서적으로 건강한 교회》(이레서원).

4장 느긋하게 들어라

8 Richard J. Foster, *Life with God: Reading the Bible for Spiritual Transformation* (SanFrancisco: HarperOne, 2008), 62-63. 《하나님과 함께하는 삶》(랜덤하우스코리아).

7장 마음이 무너져 내릴 때, 하나님의 새 일을 기대하라

9 Quoted in Os Guinness, *The Call: Finding and Fulfilling the Central Purpose for Your Life* (Nashville: Thomas Nelson, 2003), 101. 《소명》(IVP).

8장 나의 번아웃 탈출기

10 Herman Wouk, *This Is My God* (New York: Doubleday, 1959; repr. New York: Back Bay Books, 1992), 44-45. Citations refer to the Back Bay edition.

11 같은 책, 45.

12 같은 책, 46.

13 같은 책.

14 같은 책.

15 같은 책.

16 같은 책.

17 Jonathan Sacks, *Faith in the Future: Rediscovering the Beauty of the Sabbath* (Macon, GA: Mercer University Press, 1995), 133.

18 같은 책.

19 Joseph Lieberman, *The Gift of Rest* (Brentwood, TN: Howard Books, 2011), 3.

20 같은 책.

13장 사랑받은 대로 사랑하기

21 C. S. Lewis, *The Four Loves* (New York: Harcourt, Brace & World, 1960), 168.《네 가지 사랑》(홍성사).

15장 깊이 있는 사람들을 남겼는가

22 Richard J. Foster, *Celebration of Discipline: The Path to Spiritual Growth*, 3rd ed. (San Francisco: HarperSanFrancisco, 2002), 1.《영적 훈련과 성장》(생명의말씀사).

16장 예수님의 눈으로 본 세상

23 Eugene H. Peterson, *The Pastor: A Memoir*, repr. ed. (New York: HarperOne, 2012), 46 - 48.《유진 피터슨》(IVP).

24 "Why Jesus Called a Man a Fool," in *A Knock at Midnight: Inspiration from the Great Sermons of Reverend Martin Luther King, Jr.*, eds. Clayborne Carson and Peter Holloran (New York: Warner Books, 2000), 162.《한밤의 노크소리》(홍성사).

25 Martin Luther King, Jr., *Stride toward Freedom: The Montgomery Story*, ed. Clayborne Carson (1958; repr., Boston: Beacon Press, 2010), 128.

26 같은 책, 129.

국제제자훈련원은 건강한 교회를 꿈꾸는 목회의 동반자로서 제자 삼는 사역을 중심으로 성경적 목회 모델을 제시함으로 세계 교회를 섬기는 전문 사역 기관입니다.

옮긴이 **최요한**

태국 어섬션 대학교를 졸업하고 연세대학교 대학원에서 영어학을 전공했다. 길을 걷고 생각을 긷고 말을 걷고 글을 옮기며, 영적인 리듬감을 지키며 살고자 애쓰고 있다. 옮긴 책으로《느긋한 제자》《밥 버포드, 피터 드러커에게 인생 경영 수업을 받다》《C.S. 루이스와 점심을 먹는다면》《내 영혼은 무엇을 갈망하는가》《신의 열애》등이 있다.

그들은 교회가 아니라
리더를 떠난다

초판 1쇄 발행 2015년 12월 18일
초판 9쇄 발행 2021년 12월 3일

지은이 고든 맥도날드, 빌 하이벨스, 유진 피터슨 외
옮긴이 최요한

펴낸이 오정현
펴낸곳 국제제자훈련원
등록번호 제2013-000170호(2013년 9월 25일)
주소 서울시 서초구 효령로68길 98(서초동)
전화 02)3489-4300 **팩스** 02)3489-4329
이메일 dmipress@sarang.org

ISBN 978-89-5731-700-6 03230

※ 책값은 뒤표지에 있습니다. 잘못된 책은 구입하신 곳에서 교환해 드립니다.